내가 그 사람이다

가톨릭 교회의
사회적 가르침

내가 그 사람이다
가톨릭 교회의 사회적 가르침

초판1쇄 발행일 • 2018년 5월 1일
     2쇄 발행일 • 2018년 6월 20일
     3쇄 발행일 • 2019년 2월 28일

지은이 • 한상봉
펴낸이 • 한상봉
펴낸곳 • 가톨릭일꾼
등 록 • 2016년 9월 12일 제410-2016-000180호
주 소 • 경기도 고양시 일산서구 대산로 53, 405동 601호(주엽동)
전 화 • 070-7798-3351
www.catholicworker.kr

교회인가 • 2018년 4월 30일 의정부교구 이기헌 주교

정 가 • 10,000원
ISBN 979-11-963739-0-0

가톨릭 교회의
사회적 가르침

내가 그 사람이다

한상봉 지음

가톨릭일꾼

머리글

세상을 너무나 사랑한 나머지

　　그리스도인이란 자신의 삶과 죽음과 부활을 예수님의 삶과 죽음과 부활에 견주어 가며 살아가는 사람들입니다. 예수님을 '주님'으로 고백하면서, 그분의 운명을 나의 운명으로 삼겠다고 다짐하는 사람들입니다. 세상의 수많은 사람들 가운데 예수님만큼 불행했던 분은 아마 없을 것입니다. 노동자 출신의 나자렛 사람 예수님은 평생 호강을 누려보지 못한 채 유대인들이 '저주받은 형상'이라고 부르던 십자가에 매달려 돌아가셨습니다. 당시 사람들은 그분을 어리석은 실패자라고 불렀을지 모릅니다. 눈치도 융통성도 없는 고지식한 사람으로 보았을지도 모릅니다. 그러나 그분은 "세상을 너무나 사랑하신 나머지" 그렇게 돌아가셨습니다.

　　그분은 마지막 순간까지도 제자들에 대한 사랑을 놓치지 않았습니다. 자신을 체포하러 온 성전경비대에게 "누구를 찾느냐?"고 물으시고, 자신이 바로 "그 사람"이라고 나서며 "너희가 나를 찾는다면 이 사람들은 가게 내버려 두어라" 요한 18,8 하고 말씀하셨습니다. 그분은 하느님 나라와 진리 안의 사랑, 정의로운 평화를 위해 복음을 선포하다가 연행당하고 이윽고 죽음에 이르신 분입니다. 우리 역시 그분처럼 닥쳐올 고난 앞에서도 "내가 바로 그 사람"이라고 고백할 수 있어야 신앙인입니다. 그뿐 아니라, "내가 진실로 너희에게 말한다. 너희가 내 형제들인 이 가장 작은 이들 가운데 한 사람에게 해 준 것이 바로 나에게 해 준 것이다."마태 25,40라고 말씀하신 것처럼, 예수님은 차별과 배제로 신음하는 가난한 이들을 두고 "이 사람들이 곧 나다"라고 말씀하시는 분입니다.

사회교리는 그런 예수님의 사랑을 조목조목 간추려 놓은 교회 문헌입니다. 예수님께서 진공 속에서 살지 않으신 것처럼, 그리스도인들도 파란만장한 삶을 젖혀 두고 복음을 이야기할 수 없습니다. 그 복음이 먼저 "가난한 사람들에게" 전해졌다는 사실에 우리는 놀라지 않을 수 없습니다. 강생을 통하여 하느님께서 사람이 되신 것처럼, 귀하신 임금님이 천한 노예의 형상으로 오셨던 것처럼, 당신의 내리사랑을 "사람의 아들은 섬김을 받으러 온 것이 아니라 섬기러 왔다."마르 10,45고 고백한 예수님을 우리는 사회교리의 구석구석에서 발견합니다. 그분의 다정한 손길을 갈피마다 새록새록 느낍니다.

이 책은 2004년 교황청 정의평화평의회가 펴낸 〈간추린 사회교리〉를 교본으로 삼았으며, 사회교리를 처음 접하는 분들을 위해 쉽게 쓰려고 애를 썼습니다. 중간에 제 생각을 덧붙이기도 하고, 내용을 재구성하기도 했습니다. 덧붙여 베네딕토 16세와 프란치스코 교황의 문헌들도 참고했습니다. 제 나름대로 일관성을 갖춘

간략한 사회교리 안내서를 준비했습니다. 귀한 교회의 가르침을 한 마디로 요약한다는 일이 그리 쉽지는 않았습니다. 그러나 성심으로 지은 이 책이 가톨릭 사회교리 대중화에 도움이 되기를 간절히 기대합니다.

 이 책을 집필하는데 용기를 주었던 의정부교구 주엽동성당 김오석 신부님께 먼저 고맙다는 인사를 드립니다. 이제 가톨릭일꾼들과 더불어 우리 교회 안에서 사회교리가 상식이 되는 날을 희망해 봅니다. 마지막으로 프란치스코 교황의 문헌 가운데 제가 가장 아끼는 부분을 옮겨 적습니다.

> 서로를 돌보는 작은 몸짓으로 넘치는 사랑은 또한 사회적 정치적 사랑이 되며, 더 나은 세상을 건설하려는 모든 행동으로 드러납니다. 사회에 대한 사랑과 공동선에 대한 투신은 개인들 사이의 관계뿐만 아니라 '사회, 경제, 정치 차원의 거시적 관계'에도 영향을 주는 애덕의 탁월한 표현입니다. 그래서 교회는 세상에 '사랑의 문명'이라는 이상을 제시한 것입니다. 사회적 사랑은 참다운 진보를 위한 열쇠입니다. 더욱 인간답고 더욱 인간에게 걸맞는 사회를 만들려면 정치, 경제, 문화 등 사회생활에 사랑이라는 새로운 가치를 부여해야 하며, 사랑이 지속적으로 모든 활동의 최고 규범이 되어야 합니다. 찬미받으소서. 231항

2018년 5월 노동자 성 요셉 기념일에
한 상 봉 드림

차례

머리글

제1장 [하느님]
노예들의 해방자, 하느님 ……………………… 11

제2장 [예수 그리스도]
세리와 죄인들의 친구, 예수님 ……………… 23

제3장 [교회]
가난한 이들을 위한 가난한 교회 …………… 37

제4장 [사회교리]
사회 복음화의 지침 …………………………… 47

제5장 [인간과 인권]
인간은 존엄하다 ……………………………… 61

제6장 [사회교리 원리]
공동선, 보조성, 연대성 ……………………… 73

제7장 [인간 노동]
     자본에 대한 노동의 우위성 85

제8장 [경제 생활]
     돈은 새로운 우상 97

제9장 [정치공동체]
     정치는 최고의 자선 109

제10장 [환경 보호]
      생태적 회심을 위하여 121

제11장 [평화 증진]
      평화는 정의와 사랑의 열매 137

제12장 [사회교리 실천]
      사랑의 문명을 향하여 149

제1장

[하느님]
노예들의 해방자, 하느님

by Martin Erspamer

내가 믿는 하느님

어느 날 사도 바오로와 바르나바는 리스투라에서 설교하다가 날 때부터 앉은뱅이인 남자를 치료해 주었다. 한 번도 걷는 모습을 본 적이 없던 그 사람이 치유되자, 마을 사람들과 사제는 바오로와 바르나바를 하늘에서 내려온 신이라고 생각해, 소와 꽃을 가져와 두 사람 앞에서 제사를 올리려고 하였다. 이 광경에 넋이 나간 사도들은 그들을 헤치고 나가 소리쳤다.

> 여러분, 어찌하여 이런 일들을 하십니까? 우리도 여러분과 똑같은 성정을 가진 사람입니다. 우리가 여러분에게 복음을 전하는 것은, 여러분이 이런 헛된 일을 버리고, 하늘과 땅과 바다와 그 안에 있는 모든 것을 만드신, 살아계신 하느님께로 돌아오게 하려는 것입니다. 사도 14,15

그리스도인은 하느님을 믿고, 성령 안에서 예수님을 따라 살기로 작심한 사람들이다. 신앙인들은 모두 '하느님'을 입에 올리지만, 저마다 생각하는 하느님의 모습은 다르다. 그래서 "각인각색의 하느님"이라고 말해도 틀리지 않는다. 그러나 그리스도인은 이스라엘 전통과 예수 그리스도를 통해 하느님을 만난다는 점에서 일치한다.

교회 안에서 신자들은 하느님을 어떻게 생각하고 있을까? 먼저 하늘에 머물면서 우주를 지배하고 인간행위를 심판하는 강력한 '군주'의 모습으로 하느님을 떠올린다. 그분은 우리와 아주 먼 곳에 있으면서 지배하는 남성의 이미지를 갖고 있다. 세상을 사랑하지만 세상의 불결함에 물들지 않는 위풍당당한 입법자이다. 하느님을 이처럼 권력의 정점에 있는 매우 강력하고 거대한 '노인'으로 보고 있다. 이런 종교는 하느님에 대한 두려움과 지옥에 대한 공포로 백성을 다스린다. 그렇지만, 이런 하느님은 예수님이 '아빠'라고 부른 자비의 하느님과 거리가 멀다.

현대 신학자들은 그분을 일정한 장소에 갇히지 않고 우리 가까이 계신 친밀한 분으로 고백한다. 하느님은 추악한 역사와 더러운 세상에 다가서서 인류와 함께 고통 받으며 연민과 해방하는 사랑을 드러내는 분이며, 사실상 지배 권력의 주변부에 위치한 분이라고 말한다. 이들이 현대에 와서야 되찾은 하느님 이미지는 역설적이게도 전통적인 믿음이다. "하느님은 사랑이시다."라고 하는.

고통은 하느님의 뜻인가?

전통신학은 전능한 왕이 권위로 자신의 영역을 지배하는 것처럼, 하느님은 모든 것을 만들고 세계를 지배하는 우월한 존재라고 강변해 왔다. 이 안에서 발생하는 가난과 고통의 상황을 하느님의 뜻으로 허락된 것으로 여긴다. 부자들은 가난한 사람들에게 자선을 베풀도록 고무되고, 가난한 사람들은 십자가 위에서 희생당한 예수님처럼 고통을 감내하고 기다리면 사후에 영원한 보상을 받는다고 배웠다. 죽은 예수상과 슬픔에 빠진 성모상을 들고 열 지어 운반하는 축제 행렬은 이런 신학을 형상화한 것이다. 삶은 어차피 눈물의 골짜기이며, 고통은 천국으로 가는 길이라 믿었다.

그러나 라틴 아메리카와 아시아 교회에서 그리스도인들이 발견한 것은 가난한 사람들이 겪는 고통이 하느님의 뜻이 아니라는 것이다. 복음서에서 구세주인 예수 그리스도가 보잘것없는 시골 처녀를 통하여 세상에 오셨다는 전갈은 복음이 가난한 이들을 통해 전해졌다는 상상력을 불러일으켰다. 그들은 프란치스코 교황이 "고통 받는 형제 앞에서 중립은 없다."고 하신 것처럼, 비참한 상황에서 하느님께서는 중립을 지키시는 분이 아님을 알았다. 그분은 억압받는 이들의 편에 서 있다. 하느님은 가난한 이들이 더 거룩하거나 죄를 덜 지어서가 아니라 '고통 받는 상황 때문에' 그들 편에 서신다. 이런 하느님의 사랑은 가난한 이들을 구원하고 해방시켜서 비인간적인 고통을 멈추게 하실 것이다. 성경은 이런 생각을 강력하게 뒷받침하고 있다.

해방하시는 하느님

탈출기에서 이스라엘이 경험한 하느님은 히브리 노예들의 하느님이고, 그들의 고통에 응답하시고 그들의 해방을 이끄시는 분이다. 고대세계에서 신은 전형적으로 지배자의 지위를 정당화 하며, 심지어 왕과 자신을 동일시한다. 그러나 히브리의 하느님은 이집트 파라오의 편을 드는 대신에 자신의 권력을 비참한 노예들을 위해 행사했으며, 그들의 해방을 요구했다. 거룩한 하느님은 사막의 불타는 덤불 속에서 억압받는 이들을 해방하라고 모세에게 명령하신다.

> 나는 이집트에 있는 내 백성이 겪는 고난을 똑똑히 보았고, 작업 감독들 때문에 울부짖는 그들의 소리를 들었다. 정녕 나는 그들의 고통을 알고 있다. 이제 이스라엘 자손들이 울부짖는 소리가 나에게 다다랐다. 나는 이집트인들이 그들을 억누르는 모습도 보았다. 내가 이제 너를 파라오에게 보낼 터이니, 내 백성 이스라엘 자손들을 이집트에서 이끌어 내어라.
>
> 탈출 3,7.9-10

여기서 하느님이 고백한 '안다'라는 말은 지적인 것이 아니라 남녀가 육체적인 관계를 맺을 때 쓰이던 말이다. 이스라엘의 하느님은 떨기나무 덤불에서 불타는 노예들의 고통을 보시고 듣고 느끼셨다.

예언서와 시편과 잠언에서도 사회적 불의를 준엄하게 비판하고, 구원에 대한 하느님의 따뜻한 확신을 심어준다. 성경은 한결같이 가난한 자들의 편에 선 하느님께 합류하라고 신자들을 호출한다. 성전에서 바치는 번제물에 싫증이 났으며, "다만 공정을 물처럼 흐르게 하고, 정의를 강물처럼 흐르게 하여라."아모스 5,24 하고 명령한다. 가난과 압제는 하느님의 뜻을 좌절시키는 것이기에, 예언자들은 예배와 단식 같은 개인적 희생보다 먼저 가난한 이들을 돌보라고 명령한다.

> 내가 좋아하는 단식은 이런 것이 아니겠느냐? 불의한 결박을 풀어 주고 멍에 줄을 끌러 주는 것, 억압받는 이들을 자유롭게 내보내고 모든 멍에를 부수어 버리는 것이다. 네 양식을 굶주린 이와 함께 나누고 가련하게 떠도는 이들을 네 집에 맞아들이는 것, 헐벗은 사람을 보면 덮어 주고 네 혈육을 피하여 숨지 않는 것이 아니겠느냐? 그리하면 너의 빛이 새벽빛처럼 터져 나오고 너의 상처가 곧바로 아물리라. 너의 의로움이 네 앞에 서서 가고 주님의 영광이 네 뒤를 지켜 주리라. 이사야 58,6-8

그러나 하느님을 꼭 가난한 자들을 배타적으로 선택하는 하느님이라고 말해서는 곤란하다. 하느님의 보편적 사랑은 사회적 불의로 고통당하는 이들에 대한 각별한 관심을 드러내면서, 동시에 억압하는 자들의 회개를 사랑으로 요청한다. 하느님의 구원은 사람마다 다른 방식으로 이루어진다.

> 그분의 자비는 대대로
> 당신을 경외하는 이들에게 미칩니다.
> 그분께서는 당신 팔로 권능을 떨치시어
> 마음속 생각이 교만한 자들을 흩으셨습니다.
> 통치자들을 왕좌에서 끌어내리시고
> 비천한 이들을 들어 높이셨으며
> 굶주린 이들을 좋은 것으로 배불리시고
> 부유한 자들을 빈손으로 내치셨습니다.

노예들의 해방자, 하느님

당신의 자비를 기억하시어
당신 종 이스라엘을 거두어 주셨으니
우리 조상들에게 말씀하신 대로
그 자비가 아브라함과 그 후손에게 영원히 미칠 것입니다.

루카 1,50-53

마리아의 노래에서 보듯이, 비천한 이들은 끌어올려지고, 배고픈 자들은 좋은 것으로 채워지면서, 한편 통치자들은 왕좌에서 물러나고 부유한 자들은 빈손이 되면서 '하느님의 자비'가 성취된다. 구원의 잣대는 "자유롭게 하는 사랑"이다. 그 목적은 지배하는 자와 지배당하는 자의 위치만 바꿔 새로운 억압의 상황을 창조하는 것이 아니라, 모든 이가 하느님 자비 안에서 자유로워지는 하느님의 통치가 실현되는 것이다. 여기서 가난한 자들에게 우선권을 주는 것은 그들이 받은 고통이 그만큼 크기 때문이다.

하느님 사랑과 이웃사랑

엘리자베스 A. 존슨은 〈신은 낙원에 머물지 않는다〉라는 책에서 "황혼을 날아오르는 부엉이처럼, 신학은 낮의 열기 가운데 습득한 것을 되돌아보며 행동으로 일어서게 된다."고 전했다. 정의로운 행동은 믿음의 구체적인 표현이다. 디트리히 본회퍼Dietrich Bonhoeffer, 1906~1945가 말한 대로 고삐 풀린 마차가 달릴 때, "다친 사람을 붕대로 치료하는 일은 반드시 필요하며 고귀한 행동이

지만, 더 이상의 피해를 막기 위해서는 누군가 고삐를 쥐거나 바퀴를 부수어 말을 멈춰야 한다." 하느님의 정의는 하느님께서 절대로 용납하지 못할 사회적 구조를 바꾸는 것이다.

엘살바도르의 혼 소브리노Jon Sobrino, S.J는 "가난은 세계에서 가장 심각한 상처로 남아 있다."면서 "이것은 오늘의 근본적인 상처다. 이것을 그리스도교의 용어로 말하자면, 바로 하느님의 창조가 상처를 입은 것이다."라고 말했다. 그러므로 이런 사회적 상처를 치유하는 행위는 하느님의 연민에 참여하는 것이고, 이 행동 속에서 그분의 신비를 깊이 체험하게 된다. 초기교회의 사도들이 음식을 나누며 그리스도를 깨달았듯이, 우리는 가난한 이들과 연대하면서 하느님을 더 잘 알게 된다. 사랑은 다만 사랑하면서만 사랑하게 된다. 이런 점에서 하느님 사랑은 이웃사랑과 밀접한 관계가 있다. 그리고 이러한 연민과 연대성은 교회의 핵심 사명이다.

> 교회는 가난한 이들, 소외받는 이들, 어느 모로든 자신의 올바른 성장을 방해하는 생활조건에서 살아가는 이들에게 특별한 관심을 쏟아야 한다. 이러한 목적을 위하여, 가난한 이들을 위한 우선적 선택을 다시 한 번 강력히 확언하여야 한다. 이것은 그리스도교 사랑의 실천에서 우선하는 특별한 형태의 선택을 말하는 것으로, 교회의 전통 전체가 이를 증언한다.
>
> 간추린 사회교리, 182항

이러한 하느님의 사랑을 가장 잘 드러내는 것이 모세오경에서 누누이 반복되고 예수님도 선포한 '희년'이다.

> 하느님께서 이렛날에 복을 내리시고 그날을 거룩하게 하셨다. 하느님께서 창조하여 만드시던 일을 모두 마치시고 그날에 쉬셨기 때문이다. 창세 2,3

하느님의 창조는 흔히 오해하듯이 6일간 이뤄진 것이 아니라 7일 동안 이루어졌다. 여기서 안식일은 창조의 절정이며, 안식년과 희년으로 이어진다. 안식일은 본래 예배를 위해 정해진 날이 아니라, 노동에서 쉬는 날이다.

> 너희는 엿새 동안 일을 하고,
> 이렛날에는 쉬어야 한다.
> 이는 너희 소와 나귀가 쉬고,
> 너희 여종의 아들과 이방인이 숨을 돌리게 하려는 것이다.
> 너희는 내가 너희에게 말한 모든 것을 명심해야 한다.
> 다른 신들의 이름을 찬미하여 불러서는 안 된다.
> 그것을 입 밖에 내어 들리게 해서는 안 된다.
> 탈출 23,12-13

안식일은 모든 피조물을 거룩하게 만든다. 왜냐하면 안식일이 평등과 정의의 면류관으로 자리매김하기 때문이다. 집주인뿐 아니라 가축과 노예, 아이들과 더부살이하는 사람들 모두가 평등한 휴식을 취하기 때문이다.

안식년은 매 7년마다 지켜야 한다. 이 때는 땅을 쉬게 하고, 부채를 면제하고, 부채 때문에 노예가 된 사람들을 풀어준다.

> 너희 동족인 히브리 남자나 여자가 너희에게 팔려 와서, 여섯 해 동안 너희의 종으로 일할 경우, 일곱째 해에는 그를 자유로이 놓아주어야 한다. 너희가 그를 자유로이 놓아줄 때, 그를 빈손으로 놓아주어서는 안 된다. 너희는 그에게 너희의 양 떼와 타작마당과 술틀에서 넉넉히 내주어야 한다. 주 너희 하느님께서 너희에게 복을 내리신 것을 그에게도 주어야 하는 것이다. 너희는 너희가 이집트 땅에서 종이었다는 것과 주 너희 하느님께서 너희를 구해 내신 것을 기억하여라. 신명 15,12-15

그리고 50년마다 돌아오는 희년은 슈퍼 안식년이다. 이 때는 모두가 유산으로 공평하게 분배받은 제 땅으로 돌아가는 해이며, 노예들도 가족의 품으로 돌아가는 해이다. 이처럼 하느님의 거룩함은 그 백성들의 거룩함 안에 반영되어야 한다. 이 거룩함은 억압받는 사람들, 궁핍한 사람들, 보호받지 못하는 사람들을 구출하는 데서 드러난다. 하느님은 이처럼 모든 그리스도인들이 참된 신앙생활의 기준을 "약자에 대한 태도"에서 찾기를 바라신다.

> 너희 형제가 가난하게 되어 너희 곁에서 허덕이면, 너희는 그를 거들어 주어야 한다. 그도 이방인이나 거류민처럼 너희 곁

에서 살 수 있게 해야 한다. 그에게서 이자나 이익을 거두어서는 안 된다. 너희는 너희 하느님을 경외해야 한다. 그리하여 너희 형제가 너희 곁에서 살 수 있게 해야 한다. 이자를 받으려고 그에게 돈을 꾸어 주어서도 안 되고, 이득을 보려고 그에게 양식을 꾸어 주어서도 안 된다. 나는 너희에게 가나안 땅을 주고 너희 하느님이 되려고, 너희를 이집트 땅에서 이끌어 낸 주 너희 하느님이다. 레위 25,35-38

제2장

[예수 그리스도]

세리와 죄인들의 친구, 예수님

by Martin Erspamer

> 주님께서 나에게 기름을 부어 주시니
> 주님의 영이 내 위에 내리셨다.
> 주님께서 나를 보내시어
> 가난한 이들에게 기쁜 소식을 전하고
> 잡혀간 이들에게 해방을 선포하며
> 눈먼 이들을 다시 보게 하고
> 억압받는 이들을 해방시켜 내보내며
> 주님의 은혜로운 해를 선포하게 하셨다.
>
> 루카 4,18-19

예수님은 공생활을 시작하시면서, 회당에서 이사야 예언서를 빌어서 가난한 이들을 위한 희년을 선포하는 것을 자신의 '사명'이라고 선언하셨다. 그래서 가난한 이들을 염두에 두지 않고 그리스도교 신앙을 설명하는 것은 불가능하다. 하느님께서는 인간을 위하여 스스로 하느님이심을 버리시고, 사람이 되어 지상에 당신의 천막을 치셨다. 더군다나 예수님의 몸은 살균된 고결한 몸이 아니었다.

예수님이 "내 살을 먹고 내 피를 마시지 않으면 너희 안에 생명을 간직하지 못할 것"이라고 말씀하셨을 때, 예수님은 자신의 몸을 병들거나 악취 나는 살덩이를 가리키는 '사륵스sarx'라는 단어로 표현했다. 그리스어로 매력적이고 건강하며 덕을 행하며 죽은 이들 가운데서 일어날 때 사용하는 '몸'을 가리킬 때는 '소마soma'라는 말을 사용한다. 결국 하느님께서는 인간의 몸으로 오셨는데,

고결한 왕족이나 대사제나 지식인의 몸이 아니라 더러운 천민의 몸으로 오셨다는 뜻이다.

가난한 탄생 이야기

예수님의 탄생 이야기 자체가 예수님의 정체를 미리 알려주면서, 그분이 왜 가난한 백성들에게 관심을 기울이셨는지 알게 한다. 마태오 복음의 탄생 이야기에서 예수님은 '새로운 모세'였다. 모세는 하느님의 명령을 받아 이집트에서 고통 받는 노예들을 해방시킨 인물이다. 모세가 아기 때 파라오에게 살해당할 뻔 했던 것처럼, 예수님도 헤로데에게 살해당할 뻔 했다. 그리고 모세가 시나이산에서 율법을 받았던 것처럼, 예수님은 산에서 설교를 하며 새 계명을 준다.마태 5-6장, 산상설교 그분은 "내가 율법이나 예언서들을 폐지하러 온 줄로 생각하지 마라. 폐지하러 온 것이 아니라 오히려 완성하러 왔다."마태 5,17고 말한다. 또한 아기 예수님은 하필이면 이집트로 피신해서 이주아동으로 성장한다. 물론 요셉은 이주노동자로, 마리아는 이주여성으로 객지에서 생활했던 셈이다.

루카 복음의 탄생 이야기에서 아기 예수님은 짐승의 거처에서 태어나 짐승의 먹이처럼 구유에 눕혀진다. 천사는 목자들에게 "포대기에 싸여 구유에 누워 있는 아기를 보게 될 터인데, 그것이 너희를 위한 표징"루카 2,12이라고 말한다. 아시시의 프란치스코가 처음에 시작한 구유경배처럼, 하느님은 가장 힘없는 자의 모습으로 세상에 오셨다. 그리고 예수님이 어떤 분이 되실지 성모 마리아는 노래Magnificat를 통해 드러낸다.

내 영혼이 주님을 찬송하고
내 마음이 나의 구원자 하느님 안에서 기뻐 뛰니
그분께서 당신 종의 비천함을 굽어보셨기 때문입니다.
이제부터 과연 모든 세대가 나를 행복하다 하리니
전능하신 분께서 나에게 큰일을 하셨기 때문입니다.
그분의 이름은 거룩하고
그분의 자비는 대대로
당신을 경외하는 이들에게 미칩니다.
그분께서는 당신 팔로 권능을 떨치시어
마음속 생각이 교만한 자들을 흩으셨습니다.
통치자들을 왕좌에서 끌어내리시고
비천한 이들을 들어 높이셨으며
굶주린 이들을 좋은 것으로 배불리시고
부유한 자들을 빈손으로 내치셨습니다.
당신의 자비를 기억하시어
당신 종 이스라엘을 거두어 주셨으니
우리 조상들에게 말씀하신 대로
그 자비가 아브라함과 그 후손에게 영원히 미칠 것입니다.

루카 1,46-55

세리와 죄인들의 친구

예수님은 무엇보다 가난한 이들과 죄인들의 친구였다. 마태오 복음에서 아기 예수님을 찾아온 사람들은 '박사들'Magi이었으나, 루카 복음에서는 '목자들'이다. 목자들은 사회계급으로 봐서 농부들보다 낮으며 '마리아의 노래'에 나오는 "비천한 이들"과 "굶주린 이들"에 속한다. 예수님은 군중들에게 설교하며 "행복하여라, 가난한 사람들!"루카 6,20 "그러나 불행하여라, 너희 부유한 사람들!"6,24이라고 말한다.

> 내가 진실로 너희에게 말한다.
> 부자는 하늘나라에 들어가기가 어려울 것이다.
> 내가 다시 너희에게 말한다.
> 부자가 하느님 나라에 들어가는 것보다
> 낙타가 바늘구멍으로 빠져나가는 것이 더 쉽다.
> 마태 19,23-24

바리사이의 집에서 예수님은 "네가 잔치를 베풀 때에는 오히려 가난한 이들, 장애인들, 다리 저는 이들, 눈먼 이들을 초대하여라."마태 14,13 하고 충고한다. 세관장 자캐오 이야기는 루카 복음에만 나오는데, 예수님을 만나고서 자캐오는 이렇게 말한다. "보십시오, 주님! 제 재산의 반을 가난한 이들에게 주겠습니다. 그리고 제가 다른 사람 것을 횡령하였다면 네 곱절로 갚겠습니다."19,8

지금 절박한 이에게 나중은 없다

'주님의 기도'에서도 제일 먼저 "오늘, 저희에게 일용할 양식을 달라."고 기도한다. 배고픔은 그 당시 사람들의 가장 일반적인 고통이었다. 예수님을 따라 다니던 군중들은 경제적, 정치적, 사회적, 문화적 요인으로 공동체에서 추방당한 자들, 귀속공간을 박탈당한 사람들이다. 예수님은 처음에 마을 회당에서 설교했으나, 정결법과 안식일 법 때문에 바리사이들과 충돌하고 나서는 거리에서, 바닷가에서, 산등성이에서 설교했다. 예수님을 따라 다니던 군중들도 회당 체제에서 '죄인'으로 밀려난 가난한 사람들이었다. 지금 당장 밥 한 그릇 먹는다면 죽어도 좋다고 여길만큼 절박한 형편에 놓인 자들이었다.

마르코 복음에서, "예수님께서는 배에서 내리시어 많은 군중을 보시고 가엾은 마음이 드셨다. 그들이 목자 없는 양들 같았기 때문이다. 그래서 그들에게 많은 것을 가르쳐 주기 시작하셨다."6,32 하루 종일 가르치고 저녁이 오자, 그 많은 군중들의 식사가 문제였다.

제자들은 "저들을 돌려보내시어, 주변 촌락이나 마을로 가서 스스로 먹을 것을 사게 하십시오."6,36 하였고, 예수님은 "너희가 그들에게 먹을 것을 주어라."6,37 하였다. 제자들의 전략은 '각자도생'各自圖生이다. 각자 알아서 먹는 것이다. 그러나 예수님의 하느님 나라 비전은 달랐다. 지금 손에 쥐고 있는 음식부터 분배를 시작하는 것이다. 예수님에게 '나중'은 없다.

예수님께서는 군중에게 땅에 앉으라고 분부하셨다. 그리고 빵 일곱 개를 손에 들고 감사를 드리신 다음, 떼어서 제자들에게 주시며 나누어 주라고 하시니, 그들이 군중에게 나누어 주었다. 또 제자들이 작은 물고기 몇 마리를 가지고 있었는데, 예수님께서는 그것도 축복하신 다음에 나누어 주라고 이르셨다. 사람들은 배불리 먹었다. 그리고 남은 조각을 모았더니 일곱 바구니나 되었다. 마르 8,6-8

하느님의 정의로운 손을 거치면 이 땅 위에 이미 충분히 먹고도 남을 만한 음식이 있다는 사실을 알려주려는 것이다. 문제는 언제나 분배정의였다.

그래서 우리는 "오늘 우리에게 일용할 양식을 주소서."라는 기도를 드릴 때마다, 예수님 생전에, 죽은 뒤에, 부활하신 뒤에 예수님과 함께 했던 모든 식사를 기억해야 한다. 그곳에는 오병이어의 식사, 성만찬의 식사, 엠마오의 식사, 갈릴래아 호숫가의 식사가 담겨 있다. 그것은 "오늘과 내일 그리고 언제나 매일같이 충분한 양식"을 뜻한다.

이것은 또한 이집트에서 탈출한 백성들이 광야에서 굶주렸을 때 들었던 "너희가 저녁 어스름에는 고기를 먹고, 아침에는 양식을 배불리 먹을 것이다. 그러면 너희는 내가 주 너희 하느님임을 알게 될 것이다." 탈출 16,12라는 말을 떠오르게 한다.

세례자 요한과 예수님

예수님 당대의 가장 유명한 예언자는 세례자 요한이었고, 예수님은 그에게 세례를 받았다. 요한은 예수님보다 먼저 하느님 나라를 선포하였다. 하느님은 세상의 불의로 죽음이 그늘진 땅을 정화하기 위해 머뭇거리지 않고 오실 것이다. 이미 도끼가 나무뿌리에 닿았다. 로마제국이 이스라엘을 삼켰지만, 이것은 이스라엘의 죄에 대한 하느님의 형벌이었다.

그래서 요한은 하느님께 다시 돌아서는 '회개의 표시'로 몸을 씻는 세례운동을 벌였다. 이제 예루살렘 성전에서 속죄를 위한 제사를 드리지 않아도 좋았다. 성전은 이미 '강도의 소굴'이 되었고, 대사제와 기득권 세력의 이권다툼의 장이었다. 요한은 유대 전역에 '종말'에 대한 기대를 불러일으키는 시한폭탄을 심었다. 그러나 헤로데 안티파스가 그를 처형하자 세례운동은 막을 내렸다.

그래서 예수님은 다른 해법을 제시한다. 하느님 나라는 임박한 것이 아니라 이미 지금여기에 와 있다는 것이다. 그 나라는 미래에 완성될 나라이지만 이미 예수님과 제자 공동체 안에서 실현되고 있다는 것이다. 요한은 하느님 나라가 곧 오리라 믿었기 때문에 제자들을 양성하지 않았다.

그러나 예수님은 요한이 처형당했다는 소식을 듣고 곧장 고향인 갈릴래아로 돌아가 제자들을 불러 모은다. 예수님은 군중들을 가르치고, 병자를 치유하고, 빵을 나누어 먹으면서 제자들과 동고동락했다. 제자들은 집중적으로 예수님한테 교육받고, 파견되어 다른 이들을 가르쳤다. 예수님은 자신이 죽더라도 제자들이 하느님 나라 운동을 이어갈 수 있도록 준비하신 것이다. 물론 당시에 제자들은 예수님을 완전히 이해할 수 없었다.

섬기는 자가 다스린다

예수님은 카이사리아 필립보와 가파르나움과 예루살렘 인근에서 세 번에 걸쳐 "사람의 아들이 반드시 많은 고난을 겪고 원로들과 수석 사제들과 율법 학자들에게 배척을 받아 죽임을 당했다가 사흘 만에 다시 살아날 것"이라는 수난예고를 하셨지만, 제자들은 딴청을 피운다. 그들은 예수님을 무력을 사용해 이스라엘을 로마의 억압에서 해방시킬 군사적인 구원자로 여기고 있었기 때문이다. 예수님의 수난을 반박하던 베드로는 "사탄아, 내게서 물러가라. 너는 하느님의 일은 생각하지 않고 사람의 일만 생각하는구나."마르 8,32라는 꾸짖음을 받았다.

그들은 서로 그 나라에서 "누가 가장 큰 사람이 될지" 다투었고, 제베대오의 두 아들 야고보와 요한은 "저희를 하나는 스승님 오른쪽에, 하나는 왼쪽에 앉게 해 달라."고 청했다. 이때마다 예수님은 지치지 않고 답변해 주신다. "누구든지 첫째가 되려면, 모든 이의 꼴찌가 되고 모든 이의 종이 되어야 한다"고. "그러나 제자들은 그 말씀을 알아듣지 못하였다."마르 9,32

너희도 알다시피 다른 민족들의 통치자라는 자들은 백성 위에 군림하고, 고관들은 백성에게 세도를 부린다. 그러나 너희는 그래서는 안 된다. 너희 가운데에서 높은 사람이 되려는 이는 너희를 섬기는 사람이 되어야 한다. 또한 너희 가운데에서 첫째가 되려는 이는 모든 이의 종이 되어야 한다. 사실 사람의 아들은 섬김을 받으러 온 것이 아니라 섬기러 왔고, 또 많은 이들의 몸값으로 자기 목숨을 바치러 왔다.마르 10,42-45

예수님이 어떤 분인지 가장 잘 보여준 사건은 예수님의 예루살렘 행 '죽음의 행진'이다. 그분은 갈릴래아에서 사사건건 바리사이파와 사두가이파와 같은 토착세력들과 갈등을 빚었고, 예루살렘에서는 성전세력에 저항했다. 유월절을 맞이해 카이사리아에서 군대를 이끌고 입성하는 빌라도 총독은 황제의 막강한 권위를 내세우며 예루살렘 서문으로 입성하고, 예수님은 "아직 한 번도 멍에를 메지 않은 어린 나귀"를 타고 동문으로 겸손하게 입성했다. 다음날 성전정화 사건이 터지고, 이튿날에는 성전세력과 논쟁을 벌였다.

여기서 예수님의 정체성을 가장 잘 보여주는 사건은 "받아라. 이는 내 몸이다."마르 14,22라는 말이 등장하는 '최후의 만찬'과 '세족례'이다. 예수님은 이 자리에서 "서로 사랑하여라. 내가 너희를 사랑한 것처럼 너희도 서로 사랑하여라. 너희가 서로 사랑하면, 모든 사람이 그것을 보고 너희가 내 제자라는 것을 알게 될 것이다."요한 13,34-35라는 새 계명을 준다.

마지막 만찬에 앞서 다락방에서 '세족례'를 행한 것은 요한 복음서에만 기록되어 있다. 제자들이 예루살렘으로 오는 길목에서 줄곧 지도력이나 지위 다툼을 벌였던 점을 기억할 때, 예수님의 제자들 발씻김은 '하느님 나라의 지도력'과 관련해 매우 의미심장한 일이었다. "너희 가운데에서 첫째가 되려는 이는 너희의 종이 되어야 한다."마태 20,27는 입장을 몸소 보여주셨기 때문이다.

당시 유대의 도시들은 매우 불결했다. 길을 걸으면 오물과 먼지, 배설물과 쓰레기, 타고 남은 재와 썩은 음식물을 비껴갈 수 없었다. 그래서 발을 씻는 것은 위생의 문제였으며, 정결규정과도 상관이 있었다. 더구나 성전에 들어갈 때는 반드시 자기 발을 씻어야 하며, 최소한 손을 씻어야 한다는 규정이 있다.

그러나 유대의 남자들은 누구도 다른 사람의 발을 씻기지 않았다. 이런 천한 역할은 이방인 노예들이나 아내와 자녀들의 몫이었다. 그렇기 때문에 예수님이 제자들의 발을 씻기려 했을 때 베드로가 손사래를 친 것은 당연하다. 예수님이 이방인 노예처럼 처신했기 때문이다. 이런 예수님의 모범이 있었기 때문에 초기교회의 그리스도인들은 천대받는 사람들을 돌보았으며, 그래서 세간의 주목을 받았다.

바오로 사도가 "유다인도 그리스인도 없고, 종도 자유인도 없으며, 남자도 여자도 없습니다. 여러분은 모두 그리스도 예수님 안에서 하나입니다."갈라 3,28라고 말한 것은 엄격한 신분제 사회에서 상당히 급진적인 견해였다. 로마제국의 누구도 이런 바오로 사도의 진술에 동의하기 어려웠다. 오직 그리스도인 만이 스승의 모범에 따라 차별을 없앨 수 있었다.

부활, 예수님의 전복적 삶 이후에 오는 것

신앙인들은 예수님의 죽음 이후에 그분이 부활하셨다고 믿는다. 우리 삶의 결말이 '죽음'으로 상징되는 모든 것이 아니라, '부활'이 상징하는 모든 것이라 믿는 게 그리스도교 신앙이다. 이것은 '지금여기'에서 거듭 새삼 우리가 부활하시는 그리스도와 동행하며 하느님의 현존 가운데 산다는 것을 의미한다. 예수님 부활의 의미를 따지자면, 하느님께서 빌라도_{세상권력}가 내린 '원심'을 파기하고, 예수님을 복권시켰다는 뜻이다. 예수님이 부활하지 않았다면, 이 세상은 여전히 권력자에게 속하며, 이기심과 불의가 판치고, 종말론적 혁명이 없는 절망적인 공간이 된다. 따라서 부활 '신앙'은 개인적 변화와 정치적인 변혁을 요구한다.

예수님은 "내가 진실로 진실로 너희에게 말한다. 밀알 하나가 땅에 떨어져 죽지 않으면 한 알 그대로 남고, 죽으면 많은 열매를 맺는다."_{요한 12,24}고 했다. 이처럼 우리는 예수님의 부활을 통하여 우리 자신의 부활을 희망하고 있다. 그러나 개인적인 회심만 강조할 때, 자칫 예수님이 기꺼이 목숨을 바친 열정의 의미가 왜곡될 수도 있다. 예수님에게 그 열정의 방향은 하느님 나라에 집중되어 있었기 때문이다. 그 열정이 지배체제와 대결하는 장소이며 처형의 장소인 예루살렘으로 예수님을 이끌었다. 그러므로 부활절의 의미는 예수님의 죽음과 부활이 '하느님의 정의'와 상관이 있다는 것이다.

예수님의 죽음은 교통사고처럼 단순한 죽음이 아니다. 그 분은 국가권력에 의해 살해당했다. 십자가는 노예들과 정치범들의 처형도구였음을 명심해야 한다. 그분은 십자가에서 '역적'으로 죽었지만, 그분이 '의인'임을 하느님께서 예수님을 일으켜 세움으로써 입증해 주셨다. "예수님은 주님이시다."라는 부활절 이후의 신학은 황제숭배를 거부하는 반제국주의 신학이며, 예수님 안에서 드러난 하느님의 열정은 연민과 정의와 비폭력을 동반한다. 정의는 연민의 사회적 표현이다. 사랑은 정의의 영혼이고, 정의는 사랑의 몸이다. 이게 바로 부활절의 주제이다.

역사적 예수는 압제하는 종교와 정치제도에 도전하셨고, 가장 가난한 이들의 불행에 열렬히 공감하셨으며, 문자 그대로 우상 추방자가 되었고, 제도권을 조롱하시고 그들의 지혜를 어리석게 만드셨으며, 사랑의 길을 걸어 결국 승리를 쟁취하셨다. 그분은 여전히 살아 계시다. 자주 옷을 벗어버리고 보좌에서 내려와 궁핍한 자들에게 빵과 포도주를 주신다. 그분은 살아 계셔서 여전히 저항하신다. 위대한 모반자이며 전복된 나라의 지도자 예수 그리스도, 요셉의 아들 예슈아, 하느님의 아들이시다."〈가장 길었던 한 주〉, 닉 페이지, 포이에마, 393쪽

제3장

[교회]
가난한 이들을 위한 가난한 교회

by Martin Erspamer

지금 주교와 신자들 모두 새 여정을 막 시작했습니다. 이 여정은 세상의 모든 교회를 사랑 안에서 이끄는 로마 교회의 여정입니다. 우리 사이의 형제애와 사랑, 그리고 신뢰의 여정입니다. 서로를 위해 기도합시다. 위대한 형제애의 정신이 있는 이 세상을 위해 기도합시다.

2013년 3월 13일 성 베드로 광장으로 열린 발코니에서 새 교황 프란치스코는 자신을 '로마의 주교'라고 소개하며, "이 주교가 여러분에게 축복하기 전에 주님께서 저에게 강복해 주시도록 여러분이 기도해 주십시오."라고 청했다. 이 겸손한 교황이 고개를 숙이자 광장은 침묵에 빠져들었다. 그는 아시시의 '프란치스코' 성인을 교황 이름으로 선택한 첫 번째 교황이며, 라틴 아메리카 대륙에서 탄생한 첫 번째 교황이며, 예수회에서 탄생한 첫 번째 교황이며, 731년 이래 비유럽인으로 선출된 첫 번째 교황이었다. 라틴 아메리카는 유럽의 식민지로 지난 500년간 슬픔의 땅이었다. 그 땅에서 '가련한 자들의 보호자'로 '복음의 기쁨'을 선물한 교황이 탄생했다.

교황 선거 콘클라베에서 프란치스코 교황 당선이 확실해지자, 옆에 앉았던 브라질교회의 후메스 추기경은 "가난한 사람들을 잊지 마십시오."라는 말을 건넸다. 그때 떠오른 교황명이 '아시시의 프란치스코'였다고 한다.

개표가 완전히 끝날 때까지 나는 지난 세월의 여러 전쟁에 대해 생각했습니다. 나에게 있어서 프란치스코는 가난과 평화, 그리고 자연을 사랑하고 보호하는 대변인이었습니다. 오늘날 우리는 피조물 모두와 좋은 관계를 유지하고 있지 못합니다. 그렇습니다. 프란치스코는 가난의 사람, 평화의 사람, 피조물을 사랑하고 지키는 사람입니다. 지금 우리는 피조물과 그리 사이좋게 지내지 못하고 있지 않습니까? 이렇게 저는 가난한 교회, 가난한 사람들을 위한 교회를 원합니다.

교황즉위미사에서 프란치스코 교황은 "진정한 권위는 섬김 그 자체"라면서 "교황이 지닌 권력도 십자가 위에서 가장 찬란하게 빛나는 섬김을 위해 더욱 더 충실해야 한다."고 말했다. 그리고 "요셉 성인처럼 팔을 벌려 하느님의 모든 백성을 보호하고, 모든 인류를, 특히 가장 가난하고, 가장 힘없고, 가장 보잘것없는 이들을 부드러운 사랑으로 끌어안으려 한다."고 말했다.

교회는 보편적 구원의 성사

교회는 세상이 어떻게 돌아가든 상관없다는 듯이 진공 속에서 존재하지 않는다. 교회는 하느님 나라와 세상의 긴장 속에 자리 잡고 있다. 예수님이 선포했던 하느님 나라는 "불완전에서 완전히 해방되고, 거룩함으로 충만하여 세상 속에서 실현된 유토피아"이며, 세상은 "하느님 나라의 역사적 실현을 위한 싸움터"라고 보프는 〈교회, 권력과 은총〉에서 말했다. 여기서 교회는 하느님 나라

그 자체는 아니며, 하느님 나라의 표지로서 세상 안에 그 나라를 실현하기 위한 도구중재자이다.

콜럼부스가 신대륙을 발견 뒤로, 유럽교회가 식민지에 세운 교회들은 교회의 필요와 안전을 보장해 주는 국가권력과 맺은 조약이나 협정에 따라 움직이는 '제국주의적 식민지 교회'였다. 교회는 '교계제도'와 동일시되며, 교회는 국가를 통치하는 지배계급과 연대하며, 이 계급을 중심으로 대학, 교회기관, 정당 따위를 세웠다. 이 교회는 어머니처럼 상류계급의 자녀들을 교육시켜 이들이 가난한 사람을 해방시킬 수 있도록 독려한다. 이들은 부유층의 기부를 통해 자선사업을 벌이는 "가난한 사람들을 위한 교회"였다.

이러한 교회는 정치권력과 편안한 관계를 유지하는 것이 중요했다. 그래서 시민들이 독재정권이나 권위주의 정권에 의해 억압을 받을지라도 "교회는 중립을 지켜야 한다."고 신자들을 가르쳤다. 교회는 신자들의 사적인 신앙생활을 돌보는 단체이기 때문에, 예언자들처럼 사회정치적인 발언이나 저항운동에 참여할 수 없었다. 그래서 교회는 독일 나치가 6백만 명의 유대인을 학살할 때도 침묵했다. 한국교회가 일제의 식민정책에 동조하며, 독립운동을 가로막은 이유도 '정교분리'라는 해묵은 관행 때문이었다.

그러나 제2차 바티칸공의회에서 "교회는 보편적 구원의 성사"라고 말함으로써 '세상' 역시 교회의 관심에서 벗어날 수 없게 되었다. '구원의 성사'로서 기능해야 하는 교회는 더욱 정의롭고 우애 있는 세상을 건설하기 위해 투신하는 그리스도인에게 영감을 부어준다.

교회는 더 이상 국가권력에 직접 호소하지 않고 예언자들처럼 행동하기 시작했다. 세상은 '지금' '여기'에 하느님 나라를 건설하는 하느님 활동의 장소이다.

정의를 위한 행동은 복음의 구성요소

제2차 바티칸공의회는 〈기쁨과 희망〉 사목헌장을 통해 교회가 이 세상 안에서 희망과 걱정을 함께 하고 있다고 선언했다.

> 기쁨과 희망, 슬픔과 고뇌, 현대인들 특히 가난하고 고통 받는 모든 사람의 그것은 바로 그리스도 제자들의 기쁨과 희망이며 슬픔과 고뇌이다. 참으로 인간적인 것은 무엇이든 신자들의 심금을 울리지 않는 것이 없다. 그리스도 제자들의 공동체가 인간들로 이루어져 있기 때문이다. 그리스도 안에 모인 그들은 하느님 아버지의 나라를 향한 여정에서 성령의 인도를 받으며, 모든 사람에게 선포하여야 할 구원의 소식을 받아들였다. 따라서 그리스도 제자들의 공동체는 인류와 인류 역사에 긴밀하게 결합되어 있음을 체험한다. 기쁨과 희망, 1항

교회는 1891년에 레오 13세 교황이 〈노동헌장〉을 발표한 이후 줄곧 이른바 '사회교리'를 선포해 왔다. 그중에서 특히 세계주교대의원회의 문헌인 〈세계정의〉에서 주교들은 이렇게 천명했다.

정의를 위한 행동과 세상을 변혁시키려는 행위에 동참하는 것은 복음의 온전한 구성요소로 보인다. 즉, 인류의 구원과 모든 억압적 상황에서의 해방을 위한 교회 사명의 구성요소인 것이다.
세계정의, 6항

바오로 6세 교황은 〈현대의 복음선교〉에서 "교회는 그 대부분이 영적 자손인 수백만 인류의 해방을 선포할 의무가 있다."고 말하면서 "교회는 이 해방을 도와주고, 그 편에 서서 증언하며, 해방이 성취될 수 있도록 노력해야 하고 동참할 의무가 있다. 이것은 복음 선포와 별개의 것이 아니다."30항라고 정의실현 활동을 거듭 '의무'라고 강조한다.

〈세계정의〉는 구약과 신약에서 사회정의 활동의 기초를 제공한다.

구약에서는 하느님은, 모든 이에게서 자기에 대한 신앙과 이웃에 대한 정의를 요구하는 피억압자의 해방자로, 그리고 가난한 자의 보호자로 계시된다. 오로지 정의에의 의무를 준수할 때에만 진실로 하느님은 억압당하는 사람들의 해방자로 인식된다.세계정의, 30항

이웃에 대한 사랑과 정의는 분리될 수 없다

구약에서 하느님은 두 손 모아 비는 사람들이나 번제물을 바치

는 사람들, 그리고 금욕주의자의 하느님이 아니라 "정의를 행하는 길에서 만날 수 있는 분"이다. 이사야 예언서에서, 하느님이 기뻐하시는 것은 "정의로운 것을 추구하고, 억눌린 자를 풀어주고, 고아의 인권을 찾아주는 것"이다.

예수님 역시 종교적 규칙의 준수보다는 정의, 자비, 믿음 등을 더 중요하게 여겼다. 사랑은 성경의 핵심 메시지이지만, 그 사랑은 정의실현을 전제로 하는 "정의로운 사랑"이다. 그래서 주교들은 이렇게 가르쳤다.

> 사랑은 실상 이웃의 존엄성과 권리를 인정하는 정의의 요구를 포함한다. 정의 그 자체는 사랑에서만 완성을 본다. … 이웃에 대한 사랑과 정의는 분리될 수 없다. 세계정의, 34항

이를 두고 시인이며 주교였던 페드로 카살달리가 Pedro Casaldaliga 는 이렇게 노래했다.

> 네가 법을 말할 때, 난 하느님을.
> 네가 평화, 정의, 사랑을 말할 때, 난 하느님을.
> 네가 하느님을 말할 때, 난 자유, 정의, 평화를 말하리라.
> 보프의 〈교회의 권력과 은총〉에서 재인용

하느님은 거룩한 말씀 속에 '기계적으로' 존재하지 않는다. 우리가 하느님에 대해 말할 때, 거기에 자유와 정의, 사랑의 실재를

포함시키지 않으면 우리는 살아있는 하느님이 아닌 우상에 대해 말하고 있는 것이다. 하느님이 사람으로 강생하셨다면, 우리는 다른 사람과 맺는 관계를 통해 하느님을 만난다. 예수님이 공심판의 종말론적 발언에서 말씀하셨듯이, 우리가 '보잘것없는 사람'에게 해 준 것이 그분에게 해 준 것이다. 마찬가지로 '보잘것없는 사람'에게 폭력을 행사한다면, 그것은 그분에게 폭력을 행사하는 것이다. 그분에게 조직적 폭력을 행사하면서 어떻게 하느님을 사랑한다고 말할 수 있는가? 그 사람은 예수님이 거부했던 황제 권력을 사랑하는 사람일 뿐이다.

바오로 6세 교황은 〈현대의 복음선교〉에서 "교회는 마치 인간의 현세적 문제에 무관심한 듯이 종교적 영역에 그 행위를 제한해서는 안 된다."34항고 했다. 이런 종교적 환원주의는 교회를 거룩함과 거룩한 행위 속에 가둔다. 그러나 하느님은 교회 안에도 밖에도 자유롭게 당신의 자비를 베푸시는 분이다.

그러나 교회는 종교적 환원주의와 마찬가지로 정치적 환원주의도 경계한다. 정치적 환원주의는 사회변혁이 인간의 모든 문제를 해결하고 하느님과 올바른 관계를 이루게 한다는 환상을 갖게 만든다. 사회변혁은 하느님 나라와의 긴장관계를 유지하지 못하는 순간 왜곡되고 또 다른 억압을 낳는다. 그래서 정치적 태도 역시 복음에 비추어 늘 새롭게 판단되어야 한다. 그래서 브라질 해방신학자 보프는 이렇게 말한다. "교회는 정치를 초월함과 동시에 그것을 꿰뚫고 떠맡는다."

선으로 악을 굴복시켜라

교회에서 인권과 인간존엄성을 '선포하고' '장려하고' '촉진하고' '옹호하는' 것은 먼저 교황과 주교와 사제, 부제에 이르는 교계 제도의 책임이다. 물론 교도권이 사회적 사안에 대하여 세밀하고 직접적인 방법을 일일이 제시할 수는 없다. 그러나 시대의 징표를 읽고, 사회적 현실을 복음에 비추어 판단하는 역할은 교도권자의 당연한 책무이다. 또한 인권과 사회정의를 위해 투신하는 그리스도인들을 지지하고 격려하는 일 역시 교도권의 몫이다.

한편 바오로 6세 교황은 사도적 권고인 〈복음의 증거〉에서 수도자들이 '가난한 이들의 부르짖음'과 마주하도록 초대한다. 바오로 6세는 "이 부르짖음은 너희들이 어느 형태의 불의든지 용서하지 못하도록 한다. 복음과 교회에 나타나는 비참한 드라마와 정의의 요구를 깨닫도록 너희의 양심을 일깨워야 한다."18항고 말했다.

〈평신도교령〉에서는 "평신도는 현세 질서의 개선을 고유임무로 받아들이고, 그 질서 안에서 복음의 빛과 교회 정신의 인도를 받아 그리스도의 사랑을 실천하며 확고하게 바로 행동하여 한다. 평신도는 시민으로서 전문 지식과 고유한 책임감을 지니고 다른 사람들과 함께 협력하며 어디서나 모든 일에서 하느님 나라의 정의를 찾아야 한다."7항고 하면서 "이러한 사도직 안에서 그리스도인의 사회운동이 가장 중요하다."7항고 말한다.

제4장

[사회교리]
사회 복음화의 지침

by Martin Erspamer

프란치스코 교황은 교황권고 〈복음의 기쁨〉에서 "교회의 사목자들은 인간 생활과 관련되는 모든 것에 대한 의견을 개진할 권리가 있다."면서 "그 어느 누구도 더 이상, 종교가 사적인 영역에 국한되어야 하고 오로지 영혼이 천국에 들어가도록 준비하기 위해서만 종교가 존재한다고 주장할 수 없다."182항고 말했다. 교황은 특히 "사회질서와 공동선 추구와 관련된 모든 것에 대한 재검토"를 요구했다.

> 어느 누구도 종교를 개인의 내밀한 영역으로 가두어야 한다고 우리에게 요구할 수 없습니다. 종교는 국가와 사회생활에 어떠한 영향도 미치지 말라고, 국가와 사회제도의 안녕에 관심을 갖지 말라고, 국민들에게 영향을 미치는 사건들에 대하여 의견을 표명하지 말라고, 그 어느 누구도 우리에게 요구할 수 없습니다.
> 누가 아시시의 프란치스코 성인이나 콜카타의 데레사 복자의 메시지가 들리지 않도록 이를 성당 안에 가두어 버려야 한다고 주장할 수 있겠습니까? 참다운 신앙은 결코 안락하거나 완전히 개인적일 수 없는 것으로서, 언제나 세상을 바꾸고 가치를 전달하며 이 지구를 이전보다는 조금이라고 나은 곳으로 물려주려는 간절한 열망을 지니고 있습니다. 복음의 기쁨, 183항

복음화와 사회교리

〈간추린 사회교리〉에서는 "인류의 기쁨과 희망, 슬픔과 고뇌를 나누는 교회는 언제 어디서나 모든 사람과 함께하며 예수 그리스도를 통해 왔으며, 이미 모든 사람들 가운데 현존하는 하느님 나라의 기쁜 소식을 선포한다."고 말한다. 이처럼 교회를 통해 세상에 울려 퍼지는 복음이 바로 '사회교리'이다.

> 교회의 사회교리에는 하느님의 성령이 베푸시는 진리와 은총의 효력이 있다. 성령께서는 사람들의 마음에 파고들어, 사랑과 정의와 자유와 평화를 생각하고 계획하게 하신다. 따라서 사회분야를 복음화 한다는 말은 복음에서 찾아낸 의미와 자유의 힘을 인간 마음속에 불어넣어 그리스도께서 바라시는 인간다운 사회를 증진한다는 뜻이다. 간추린 사회교리, 63항

"하느님께서는 세상을 너무나 사랑하신 나머지 외아들을 내주셨다"요한 3,16는 말씀처럼, 하느님의 강생을 믿는 교회는 사회교리를 통해 이 세상에서 예수 그리스도의 복음 사명을 드러내고 자신의 신앙을 증거한다. 이런 점에서, "사회교리를 가르치고 보급하는 것은 교회의 복음화 사명에 속하는 것이며, 그리스도교 메시지의 필수적인 부분이다."간추린 사회교리, 67항

사회교리는 "그리스도께서 교황과 주교들에게 부여한 교도권의 활동인 만큼 교회의 생각"79항이며, 교회가 사회를 어떻게 이해

하는지 알려주는 사고방식이며, 그리스도인의 행동지표를 담고 있다. 또한 사회교리는 세상을 이해하는 복음적 관점을 제시할 뿐 아니라, 분명한 사회악을 고발한다.

> 사회교리는 사회 전역에 갖가지 방식으로 난무하고 사회 속에서 구체적으로 드러나는 불의와 폭력의 죄가 있을 때, 이를 고발할 의무가 있다. 교회의 사회교리는 고발을 통하여, 인정받지 못하고 침해받는 권리들, 특히 가난하고 보잘것없고 약한 이들의 권리를 판별하고 수호한다. 기쁨과 희망, 76항

그 결과 교회는 '완전한 형태의 인도주의'를 실현하고, 모든 억압에서 인간을 해방시킴으로써, "정의가 깃들어 있는 새 하늘과 새 땅"2베드 3,13을 역사 안에서 준비한다.

사회교리의 역사

'사회교리'라는 용어는 비오 11세 교황이 처음 사용했지만, 레오 13세 교황의 회칙 〈새로운 사태〉를 모범으로 삼아, 후대 교황과 주교들이 교도권을 통해 사회문제에 관해 발언한 문헌들을 일컫는 말이다. 그러나 사회교리가 근대사회에 들어서 갑자기 나타난 것은 아니다. 사회교리는 복음서와 사도들의 서간, 그리고 교회 교부들과 중세의 위대한 교회박사들에게서 영감을 받아 왔다.

이를 테면 카파도키아의 수도 카이사리아의 주교 바실리오

Basilius Magnus, 330~379는 부자들에게 이렇게 경고한다.

> 인간의 불행을 사고파는 장사꾼이 되지 마십시오! 하느님의 응징을 이익을 얻기 위한 기회로 이용하려 들지 마십시오. 이미 고통에 찌들대로 찌든 사람들의 상처를 할퀴지 마십시오. 그러나 그대는 재물에 대한 관심뿐, 형제자매들에 대한 관심은 없습니다. 그대는 주화 표면의 새김을 보고서 진짜 주화와 가짜 주화는 구별할 줄 알면서, 곤경에 빠진 그대의 형제자매들은 주님으로 알아보지 못하고 완전히 무시합니다.
> 바실리오 루카복음(12.16-21) 강해

바실리오 성인은 부자들에게 '청지기' 직분을 요구하며, "청지기로서 위탁받은 것을 그대의 소유물로 여긴다면, 그대는 탐욕스러운 사람이며 강도가 아닙니까?" 하고 묻는다.

> 헐벗은 사람에게 옷을 입힐 수 있는데도 입히지 않는 사람을 어떻게 달리 부를 수 있습니까? 그대가 숨겨 둔 그 빵은 굶주린 이들이 먹어야 할 빵이며, 그대의 옷장에 처박아 놓은 옷은 헐벗은 사람들이 입어야 할 옷입니다. 그대의 신발장에서 썩고 있는 신발은 맨발로 다니는 이들이 신어야 할 신이고, 그대의 금고에 숨겨 둔 돈은 가난한 사람들이 먹고살아야 할 돈입니다. 따라서 그렇게 많이 도와줄 수 있는데도 도와주지 않는 것은 그대가 그만큼 그 사람들에게 죄를 짓는 것입니다.

바실리오 성인은 빈부격차로 인해 가난한 이들이 겪는 고통을 외면할 수 없었기 때문에, 강론대에서 이같이 말했다. 본격적인 의미의 사회교리에 첫발을 내딛었던 레오 13세 교황 역시 19세기 산업혁명 시대에 자본과 노동의 갈등이 깊어지고, 특히 노동자들의 비참한 처지를 돌아보며 교회가 새로운 방식으로 현실에 개입할 필요를 느꼈기 때문에 〈새로운 사태〉1891년라는 회칙을 발표하게 되었다.

> 〈새로운 사태〉는 사회악에서 비롯된 오류들을 열거하고, 사회주의를 그 치유책으로 삼기를 거부하며 노동, 사유재산권, 사회개혁의 기본방법으로 계급투쟁이 아닌 협력의 원칙, 약한 이들의 권리, 가난한 이들의 존엄성, 부유한 이들의 의무, 사랑을 통한 정의의 완성 및 직업별 결사의 권리 등에 대한 가톨릭의 가르침을 명확하게 현대적인 용어로 설명한다.
> 간추린 사회교리, 80항

이후 비오 11세 교황은 〈새로운 사태〉 40주년을 맞이해 〈사십주년〉1931년을 반포했다. 이 회칙은 경제 세력 사이의 무한경쟁을 일으키는 자유주의를 거부하고, 사유재산의 사회적 기능을 강조했다. 그 후 이탈리아 파시즘의 권력남용을 비판하고, 나치 독일의 반유대주의에 저항해 "우리는 모두 영적으로 유대인이다."라는 입장을 밝혔다. 아울러 〈하느님이신 구세주〉1937년에서는 공산주의에 맞서기 위해서 필요한 것은 교회가 공동선과 정의의 의무를 이행하는 것이라고 역설했다.

요한 23세 교황은 회칙 〈어머니요 스승〉1961년과 〈지상의 평화〉 1963년를 발표했다. 제2차 세계대전의 참혹함을 경험한 교황은 '세계평화'의 문제를 본격적으로 다루기 시작했으며, "선의를 지닌 모든 이들은 인간 사회 안에서 진리, 정의, 사랑, 자유를 토대로 하는 새로운 관계를 만들어가야 한다."고 주장했다. 또한 세계적 차원의 평화와 공동선을 위해 국제연합 등 국제적 공권력이 필요하다고 요청했다.

> 전쟁 목적을 위한 무기 생산의 중지와 그 실제적 축소를 실현해야 하는데, 그중 가장 중요한 것은 무장해제가 완전히 이루어지는 일이다. 인간들의 마음으로부터 무기를 제거하고, 전쟁에 대한 심리적 압박감을 제거하지 않고서는 무장해제가 불가능하다. 따라서 전쟁무기의 균형으로 평화가 이룩되는 것이 아니고, 상호신뢰에 의해서 참된 평화가 확립된다는 원리를 이해하여야 한다. 이는 객관적으로 가능할 뿐 아니라 사실 올바른 이성의 외침이며, 대단히 바람직한 것이고, 더욱 높은 유익을 인간에게 가져올 것이다.지상의 평화, 113항

요한 23세 교황이 시작하고 바오로 6세 교황이 마무리한 제2차 바티칸공의회에서는 〈기쁨과 희망〉사목헌장, 1965년에서 "신자들의 단체는 사실 인류와 인류 역사에 깊이 결합되어 있음을 체험한다."면서 "기쁨과 희망, 슬픔과 번뇌, 특히 현대의 가난한 사람들

과 고통에 신음하는 모든 사람들의 그것은 바로 그리스도를 따르는 신자들의 기쁨과 희망이며 슬픔과 번뇌인 것이다. 진실로 인간적인 것이라면 신자들의 심금을 울리지 않는 것은 있을 수 없다."1항고 했다. 공의회는 "인간이 우리 논술의 중심 테마"라면서, 세상 안에 깊이 속해 있으면서, 세상과 다른 가치에 따라 사는 교회의 사명에 대해서 설명한다.

> 공의회는 그리스도께서 모으신 하느님의 백성 전체의 신앙을 증거하고 해명하는 동시에, 이런 여러 가지 문제에 대해서 인류와 더불어 대화를 나누며 복음의 빛으로 해명해 주고, 교회가 성령의 인도로 그 창립자로부터 받은 구원의 힘을 인류에게 풍부히 제공해야만, 하느님의 백성이 속해 있는 인류 가족 전체에 대한 연대성과 존경과 사랑을 가장 웅변적으로 증명할 수 있을 것이다. 기쁨과 희망, 3항

바오로 6세 교황은 〈민족들의 발전〉1967년을 통해 "발전은 평화의 새 이름"이라고 천명하면서 제3세계의 가난한 나라들의 입장을 변호했다. 교황은 한 나라 안의 평등평화 뿐 아니라, 가난한 나라들의 경제적 발전을 위한 지원 등을 통해 "모든 나라들을 형제로 만드는 일"에 나서는 일이야말로 평화를 이루는 길이라고 호소했다.

그 결과 미국과 유럽 등지의 전 세계 선교사들이 라틴 아메리카 대륙과 아시아, 아프리카에서 가난한 이들을 돌보는데 앞 다투

어 나서기 시작했다. 이 와중에 라틴 아메리카에서는 더 근본적인 민중해방을 요구하는 '해방신학'이 발전하기도 했다.

> 발전 도상에 있는 민족들의 처지야말로 우리 관심의 대상이 아닐 수 없다. 좀 더 정확히 말한다면, 세계의 무수한 빈민들에 대한 우리의 사랑은 더욱 진실하고 더욱 효과적이며 더욱 적극적인 것이라야 한다.
> 우리가 빈곤과 부조리를 거슬러 싸우는 것은 결국 인간의 물질적 행복과 정신적, 윤리적 발전을 도모함으로써 전 인류의 공동선을 증진시키려는 것이다. 힘과 힘의 불안한 균형으로 전쟁만 피한다고 평화라고 말할 수 없다. 평화는 하느님이 원하시는 질서, 더욱 완전한 정의를 인간 사이에 꽃피게 하는 질서를 따라 하루하루 노력함으로써 얻어지는 것이다.
>
> 민족들의 발전, 76항

1967년에 바오로 6세 교황은 "가난한 사람들에 대한 그리스도의 사랑과 정의를 어디에서나 증진하도록" 교황청 정의평화위원회Justitia et Pax를 설립했다. 또한 1968년부터 새해의 첫날을 '세계 평화의 날'로 정해 기념하고 있다.

그후 바오로 6세 교황은 〈새로운 사태〉 80주년을 맞이해 교황 교서 〈팔십주년〉1971년을 발표했으며, 요한 바오로 2세 교황은 〈새로운 사태〉 90주년을 기념해 회칙 〈노동하는 인간〉1981년을 발표해 사회문제의 열쇠인 '노동' 문제를 집중적으로 다루었다. 여기서 교황은 예수님이 본질은 하느님과 같은 분이셨지만 인간이 되시어 지상 생활의 대부분을 목수의 작업대에서 육체노동을 하시면서 보내심으로써 노동의 존엄성을 높여주셨고, 노동은 하느님의 창조사업을 계승하는 '복음'이라고 말한다. 그래서 생산수단의 집적인 자본보다 노동이 우위에 있다고 천명했다.

요한 바오로 2세 교황은 그밖에 〈사회적 관심〉1988년을 발표했는데, 비오 12세 교황의 좌우명인 "평화는 정의의 열매"라는 말에서 영감을 받아 "평화는 연대의 열매"라는 말을 남겼다.

한편 교황은 〈새로운 사태〉 100주년 기념회칙인 〈백주년〉1991년을 발표해, 연대성의 원리가 레오 13세 교황의 '우정', 비오 11세 교황의 '사회적 사랑', 바오로 6세 교황의 '사랑의 문명'을 계승한다고 밝혔다. 특히 소련체제의 붕괴를 분석하면서 마르크스주의적 해결책이 실패했지만, 그렇다고 경제문제를 시장에 무조건 맡기는 것 역시 거부했다.

> 마르크스주의의 해결은 실패로 돌아갔으나 주변화와 착취의 현실들(제3세계) 그리고 인간 소외의 현실들(선진국들)은 세계에 남아 있다. 이러한 것들을 반대하여 교회는 강력하게 소리 높여 외친다. 무수히 많은 사람들이 아직도 물질적이고 정신적인 빈곤에서 살고 있다. … 그러므로 시장능력으로 모든 문제들을 해결할 수 있다고 경솔하게 믿는, 자본주의에 일치하는 이데올로기가 확산될 위험까지도 있다. 백주년, 42항

베네딕토 16세 교황의 회칙 〈진리안의 사랑〉2009년에서는 "경제발전이 인류를 곤궁의 수렁에서 건져냈지만, '진리'를 배제한 발전은 사적 이익과 힘의 논리에 봉사하게 되고, 결국 불평등과 사회 분열을 초래하게 된다."면서 신자유주의 경제체제를 비판했다. 따라서 교황은 "우리 사회는 물질의 유혹에서 벗어나 인간의 선을 증진하는 가치에 집중할 필요"가 있으며 "공동선에 봉사하고, 사회적 약자들에 대해 책임감을 갖도록 이끌며, 부에 대한 욕망을 억제하는 것이 바로 하느님 사랑"이라고 말한다.

프란치스코 교황은 즉위한 해에 교황권고 〈복음의 기쁨〉2013년을 발표해, 교회는 안온한 공간 안에 머물지 말고 "용기를 갖고 복음의 빛이 필요한 '변방'으로 가라"고 촉구했다.

> 스승을 충실하게 본받으려는 교회는 오늘날 세상에 나아가 모든 이에게, 모든 장소에서, 온갖 기회에, 주저하거나 망설이지 말고 두려움 없이, 복음을 선포하는 것이 매우 중요합니다.
> 복음의 기쁨, 23항

교황은 〈라 치빌타 가톨리카 La Civiltà Cattolica〉와의 인터뷰에서 오늘날 교회가 할 일 가운데 "상처를 치유하고 믿는 이들의 마음을 따뜻하게 하는 것"이 가장 필요하다면서 "교회는 전투가 끝난 뒤의 야전병원"이라고 말했다. 또한 "자기만의 안전에 몰두하는 건강하지 못한 그런 교회보다는 오히려 상처를 입고 멍들고 먼지 묻은 교회를 더 좋아한다."복음의 기쁨, 49항고 말했다. 그러나 무엇보다 중요한 것은 교황이 바라는 교회가 '가난한 이들을 위한 가난한 교회'라는 사실이다.

> 저는 가난한 이들을 위한 가난한 교회를 바랍니다. 가난한 이들은 우리에게 많은 것을 가르쳐 줍니다. 그들은 신앙감각sensus fidei을 지니고 있을 뿐만 아니라, 자신의 고통 속에서 고통 받으시는 그리스도를 알아 뵙니다.
> 우리는 가난한 이들을 통하여 우리 자신이 복음화 되도록 하여야 합니다. 새로운 복음화는 가난한 이들의 삶에 미치는 구원의 힘을 깨닫고 그들을 교회 여정의 중심으로 삼으라는 초대입니다.
> 우리는 가난한 이들 안에 계신 그리스도를 알아 뵙고, 그들의 요구에 우리의 목소리를 실어 주도록 부름 받고 있습니다. 또한 그들의 친구가 되고, 그들에게 귀 기울이며, 그들을 이해하고, 하느님께서 그들을 통하여 우리에게 전달하고자 하신 그 신비로운 지혜를 받아들이도록 부름 받고 있습니다.
>
> 복음의 기쁨, 198항

마지막으로 교황은 회칙 〈찬미받으소서〉 2015년를 발표해 생태계를 파괴하는 소비문화를 비판하고 아시시 프란치스코의 모범에 따라 생태적 회심을 해야 한다고 전했다. "온전한 생태계는 또한 폭력과 착취와 이기주의의 논리를 타파하는 단순한 일상 행위로 이루어지는 것" 230항이라며, 공동의 집인 지구를 위한 투신을 요청했다. 교황은 "작은 일상적 행동으로 피조물 보호의 임무를 수행하는 것은 참으로 고결한 일"211항이라고 칭찬한다.

환경 위기는 깊은 내적 회개를 요청합니다. 그러나 신심이 깊고 기도하는 그리스도인들 가운데 일부는 현실주의와 실용주의를 내세워 환경에 대한 관심을 우습게 여기고 있음을 인정해야 합니다. 또 일부는 수동적이어서 자신의 습관을 바꾸려는 결심을 하지 않고 일관성도 없습니다. 따라서 이들 모두에게 필요한 것은 생태적 회심입니다. 이는 예수님과의 만남의 결실이 그들을 둘러싼 세상과의 관계에서 온전히 드러나도록 하는 것을 의미합니다. 하느님 작품을 지키는 이들로서 우리의 소명을 실천하는 것이 성덕생활의 핵심이 됩니다.

찬미받으소서, 217항

제5장

[인간과 인권]

인간은 존엄하다

by Martin Erspamer

가톨릭교회는 "모든 인간 안에서 하느님의 생생한 모습을 본다."고 선포한다. 특별히 "가까이 있든 멀리 있든, 알든 모르든, 모든 사람, 무엇보다 가난한 이들과 고통 받는 이들이 자기 형제자매라는 것을 깨닫도록 권유한다." 간추린 사회교리, 105항 전통적으로 인격주의를 강조해 온 교회는 '인간존엄성'에 대한 근거를 먼저 성경에서 찾는다. 인간은 하느님의 모상대로 창조되었기 때문이다.

> 하느님께서는 이렇게 당신의 모습으로 사람을 창조하셨다. 하느님의 모습으로 사람을 창조하시되 남자와 여자로 창조하셨다. 창세 1,27

이스라엘 사람들은 바빌론, 아시리아 등 고대 근동의 창조신화에 영향을 받아 자신들만의 고유한 창조설화를 만들어 냈다. 바빌로니아의 에누마 엘리쉬 설화는 남신인 마르두크Marduk와 여신인 티아마트Tiamat의 전쟁 이야기이다. 이 전쟁에서 마르두크가 승리하면서, 마르두크는 티아마트의 시체를 둘로 갈라 하늘과 땅을 만들고 우주의 질서를 세운 뒤에, 티아마트의 아들이자 총사령관인 킨구Kingu의 피와 흙을 섞어 인간을 창조한다.

마르두크는 작은 신들의 노역을 그들 인간에게 감당하도록 함으로써, 작은 신들이 쉴 수 있게 하였다. 그러나 인간은 원수 또는 반란자의 피가 섞인 존재이므로, 자신의 노동으로 신을 섬기면서도 하소연할 데가 없었다. 고대신화에서 신은 왕이나 지배층을 뜻하고 인간은 하층민을 뜻하기에, 이러한 신화들은 하층민들의 노동을 당연시하고, 귀족들의 기득권을 옹호하는 이데올로기가 되었다. 태어날 때부터 하느님처럼 귀한 사람이 있고, 노예처럼 천한 사람이 있다는 말이다.

그러나 이스라엘 창조신화에서 인간은 처음부터 하느님을 닮은 존재로 태어났다. 하느님께서 직접 인간을 빚으시고 당신의 호흡을 불어넣어 주셨다. 그러니, 인간은 하느님처럼 왕다운 존재가 된다. 하느님 밖에는 섬겨야 할 분이 없으며, 모든 인간은 평등한 하느님의 자녀이다. 사람 위에 사람 없고, 사람 밑에 사람 없다는 말이다.

그래서 야훼 하느님은 모세에게 명령한다. "내가 이제 너를 파라오에게 보낼 터이니, 내 백성 이스라엘 자손들을 이집트에서 이끌어 내어라."탈출 3,10 히브리 노예들이 이집트에서 사람대접을 받지 못하고 고통 받고 있었기 때문이다. 그래서 〈간추린 사회교리〉에서는 "인간 하나하나는 하느님의 모습을 지녔으므로, 존엄한 인격을 지니고 있다."108항고 선언한다. 그래서 "피조물 가운데 오로지 인간만이 '하느님을 향한 갈망'을 품고 있다."109항

인간의 동등한 존엄성

사회교리는 "모든 사람은 저마다 이웃을 어떠한 예외도 없이 또 하나의 자신으로 여겨야 하고, 무엇보다도 이웃의 생활을 고려하여 그 생활을 품위 있게 영위하는 데에 필요한 수단들을 보살펴야 한다."기쁨과 희망, 26항고 말한다. 나 자신이 하느님의 모상대로

지어진 것처럼 다른 사람들도 지위고하를 막론하고 존귀하게 창조되었기 때문이다. 하느님 앞에서, 누구든 자신이 남들보다 더 대접받아야 한다고 주장할 수 없다. 오히려 "이웃을 내 몸같이 사랑하라."는 계명은 이웃을 사랑하는 게 곧 나를 사랑하는 것과 같다고 말한다. 우리는 모두 하느님 안에서 하나로 연결되어 있는 가족이기 때문이다.

따라서 어떠한 경우에도 인간은 "자기 자신의 발전과 관계없는 목적을 위해서 조종당할 수 없다."간추린 사회교리, 133항 대한민국 정부가 1968년에 발표했다가 지금은 사라진 〈국민교육헌장〉에 나오는 것처럼, 인간은 "민족중흥의 역사적 사명을 띠고" 이 땅에 태어난 게 아니다. 아울러 "나라의 융성이 나의 발전의 근본"도 아니다. 교회는 민족이나 나라보다 하느님 안에서 살기를 희망하며, 인간은 누구나 있는 그대로 존엄한 존재이다. 사회교리는 하느님이 내 삶의 근본이며, 우리에게는 예수님의 제자로서 하느님 나라를 선포하고 그 나라를 미리 앞당겨 살아야 할 사명이 주어졌다고 한다.

> 현재에서든 미래에서든 인간은 공권력이 이른바 사회공동체 전체의 발전과 타인의 발전을 명분으로 강요하는 경제 사회 정치 계획의 수단이 될 수 없다. 따라서 공권력은 자유에 대한 규제나 개인 활동에 대한 의무가 결코 인간의 존엄성을 손상시키지 않도록 주의를 기울임으로써 인권이 실질적으로 보장될 수 있도록 하여야 한다.간추린 사회교리, 133항

여성의 존엄성

사회교리는 "하느님의 영광이 모든 사람들의 얼굴에서 비치고 있다."면서, 인간의 존엄성은 "인종, 국가, 성별, 출신, 문화, 계급에 상관없이 모든 사람 사이의 근본적인 평등과 우애의 궁극적인 바탕이 된다."간추린 사회교리, 144항고 말한다. 하느님께서는 사람을 차별하지 않으신다.사도 10,34; 로마 2,11 참조 그래서 바오로 사도는 이렇게 말했다.

> 여러분은 모두 그리스도 예수님 안에서 믿음으로 하느님의 자녀가 되었습니다. 그리스도와 하나 되는 세례를 받은 여러분은 다 그리스도를 입었습니다. 그래서 유다인도 그리스인도 없고, 종도 자유인도 없으며, 남자도 여자도 없습니다. 여러분은 모두 그리스도 예수님 안에서 하나입니다.갈라 3,26-28

특별히 현대사회에서는 실제적인 '양성평등'이 요구되는데, 사회교리는 "남자와 여자는 동등한 존엄성을 지닌 다른 두 개별 인간"간추린 사회교리, 146항이라고 말한다. 전통적으로 교회에 여성 차별적 요소가 없었던 것은 아니다. 역사적으로 여성은 이론적으로나 상징적으로 천대받았고, 사회 및 교회 구조에서 배제 당했다. 예수님은 남성이었고, 그 제자들도 모두 남성이었다는 이유도 있었지만, 남성 우월주의와 여성의 본성에 대한 혐오주의가 한 몫을 하였다.

> 여자는 조용히 또 온전히 순종하는 자세로 배워야 합니다. 나는 여자가 남을 가르치거나 남자를 다스리는 것을 허락하지 않습니다. 여자는 조용해야 합니다. 사실 아담이 먼저 빚어졌고 그 다음에 하와가 빚어졌습니다. 그리고 아담이 속은 것이 아니라 여자가 속아 넘어가서 죄를 지었습니다. 그러나 여자가 자식을 낳아 기르면서, 믿음과 사랑과 거룩함을 지니고 정숙하게 살아가면 구원을 받을 것입니다. 1티모 2,11-15

3세기 교부 테르툴리아누스는 여성을 '제2의 하와'라고 보았다. 그에 의하면 "하와의 감언에 속아서 남자가 악마에게 강하게 맞서지 못했던 것처럼" 모든 여성은 "악의 관문"이라고 말했다. 아우구스티누스는 여성은 그들의 머리인 남성과 함께 취해질 때만 하느님의 형상으로 간주될 수 있다고 여겼다.

토머스 아퀴나스는 여성을 "흠 있는 남성"으로 정의했다. 여성을 그 자체로 온전한 인간으로 보지 않았기 때문이다. 종교개혁자인 마르틴 루터는 남편이 출타할 경우에 여성은 "벽에 박힌 못처럼" 집안에 머물러야 한다고 말했다. 오랜 세월 이러한 편견이 여성배제의 경험과 맞물리면서 여성은 교회와 사회에서 '제2의 성'으로 좌천되었다.

그러나 현대사회에서 여성주의 운동이 발전하면서 여성의 본성에 대한 깊은 긍정을 발견하고, 여성 역시 하느님의 사랑받는 자이며, 하느님은 여성의 충만한 삶을 바라는 분이라고 여기게 되었다. 이런 운동의 공통적인 출발점은 하느님께서 여성과 남성을 동등하게 창조하셨다는 창세기의 가르침이다.

여성주의 신학은 지배적인 남성의 방식으로 사회와 교회를 해석하는 대신에 성, 인종, 계급을 초월해 모든 인간 사이의 평등과 상호성, 나아가 인간과 지구 사이의 평등과 상호성을 가진 공동체의 비전을 꿈꾸었다.

프란치스코 교황은 "교회는 아버지라기보다 어머니"라고 했는데, 여성의 영성적 가치를 높이 평가한 것이다. 여성신학자들은 "여성의 몸과 영혼에 폭력이 가해질 때 하느님의 영광이 모욕당한다."고 말한다. 이집트에서 노예들을 해방시키고 죽은 자들 가운데서 예수님을 살리신 거룩한 분은 지금도 삶의 충만함을 박탈당한 여성과 동행하신다고 믿기 때문이다. 이들은 하느님을 "자유롭고, 잉태하며 창조하는, 자비로우신 분"으로 고백한다. 이처럼 하느님을 어머니로 형상화 하는 것은 하느님이 우리네 삶의 창조적 원천임을 보여준다는 점에서 긍정적이다. 아이에게 어머니는 안전과 양육, 연민과 같은 인간의 경험과 맞닿아 있으며, 하느님의 자비를 적극적으로 기억하게 만든다.

> 여인이 제 젖먹이를 잊을 수 있느냐? 제 몸에서 난 아기를 가엾이 여기지 않을 수 있느냐? 설령 여인들은 잊는다 하더라도 나는 너를 잊지 않는다. 이사 49,15

예수님이 자신을 병아리를 보호하려고 날개 아래 모으는 암탉에 비유마태 23,37 참조하신 것처럼, 성서에서 자비에 해당하는 히브리어 명사가 여성의 자궁을 뜻하는 '레헴'rehem에서 나왔고, 생명을 주는 여성의 신체가 하느님 자비를 느끼게 하는 상징이 되기도 한다. 한편 교회는 여성의 존엄성을 인정하면서, 한편으로는 남성과 여성의 특수성에 대해서도 주목한다.

> 남녀의 평등한 존엄성이 단지 동등성만을 나타내는 것만은 아니다. 여성의 특수성은 남성의 특수성과 다르고, 남녀의 평등 안에 자리한 이러한 차이점은 조화로운 사회생활을 영위하는 데 반드시 필요하고 이를 더욱 풍요롭게 하기 때문이다.
> 간추린 사회교리, 146항

〈간추린 사회교리〉는 "남자가 여자의 완성인 것처럼, 여자는 남자의 완성이다. 곧 남자와 여자는 육체적 정신적 측면뿐 아니라 존재론적으로 서로가 서로를 완전하게 해 준다."면서 "남자가 여자의 거들짝이듯, 여자는 남자의 거들짝"이라고 전한다. 그러므로 남자와 여자는 자기중심적인 생각에서 벗어나, 남녀 관계에서도 "사랑과 연대의 논리"가 적용되어야 한다고 말한다. 147항 참조

인권

인간 존엄성을 강조하는 교회는 당연히 인권운동에 대한 깊은 관심을 줄곧 보여 왔다. 요한 바오로 2세 교황은 1979년 제34차 국제연합 총회 연설에서 국제연합이 채택한 '세계인권선언'을 "이

시대 인간 양심의 지고한 표현 중의 하나"라면서 "인류의 도덕적 진보의 여정에서 진정한 이정표"라고 말했다. 인권은 언제 어디서 누구에게나 보편적이고, 침해하거나 양도할 수 없는 권리이기 때문이다.

1948년 12월 10일 발표된 '세계인권선언' 제1조는 "모든 사람은 태어나면서부터 자유롭고, 존엄과 권리에 있어 평등하다. 모든 사람은 이성과 양심을 타고 났으며 서로 동포의 정신으로 행동하여야 한다."고 되어 있다. 2조는 "모든 사람은 인종, 피부색, 성, 언어, 종교, 정치적 또는 기타의 의견, 국민적 또는 사회적 출신, 재산, 출생 또는 이들과 유사한 그 어떠한 이유에 의해서도 차별을 받지 않는다."고 밝혔다.

교회는 이러한 인권선언이 단지 문자로 형식적으로만 남아 있을 위험성이 있다고 경고하고 있다.

> 인권에 대한 장엄한 선포는 인권이 침해받는 가슴 아픈 현실과 모순되는 것이다. 곧 전쟁과 각종 폭력을 비롯한 집단학살과 집단추방, 그리고 인신매매, 소년병, 노동착취, 불법 마약거래, 매매춘과 같은 새로운 형태의 노예화가 전 세계적으로 자행되고 있는 실정이다. 민주주의가 성행하는 나라들에서도 그러한 권리들이 언제나 완전하게 존중되는 것은 아니다. 백주년, 47항

교회는 이러한 인권의 토대가 바로 "임신된 순간부터 자연사에 이르기까지 인간이 지닌 생명권"생명의 복음, 2항이라고 천명한다.

"생명권은 다른 모든 권리의 행사를 위한 조건이고, 특히 온갖 형태의 의도된 낙태와 안락사가 불법이라는 것을 의미한다."기쁨과 희망, 27항

> 인간은 생명이 잉태된 후부터 모체 안에서 발육할 수 있는 권리와 밀접하게 연결되는 생명에 대한 권리, 일치된 가정에서 그리고 인격의 발전에 적합한 장소에서 살 권리, 진리 추구와 인식을 통하여 자신의 지성과 자유를 발전시킬 권리, 그 외에 지상의 물질 재화를 올바르게 취득하여 자신과 식구들의 생계를 유지하기 위하여 노동할 권리, 끝으로 자유롭게 가정을 이루고 책임 있는 성생활을 함으로써 자녀를 낳고 기를 권리가 있다.백주년, 47항

마지막으로 "인간이 자신의 초월적 존엄성에 따라 살 권리"를 뜻하는 '종교의 자유' 역시 인권이라고 교회는 가르친다. 인간은 타인이나 단체, 국가권력의 강제에서 벗어나 행동할 자유가 있다.

> 종교문제에서도 인간은 자기의 양심을 거슬러 행동하도록 강요받지 않아야 하고, 또한 사적으로든 공적으로든, 개인적으로든 집단적으로든, 정당한 범위 안에서 자기 양심에 따라 행동하는 데 방해받지 않아야 한다.인간의 구원자, 17항

한편 교회 안에서도 인권이 존중되어야 한다. "교회에 봉사하

는 일꾼들은 사제든 수도자든 누구나 넉넉한 생활을 보장받고, 그 지역 일반인들과 마찬가지로 사회보장을 받아야 한다. 평신도의 경우에는 정당한 보수와 적절한 승급의 가능성이 제공되어야 한다. 평신도들이 교회 재산에 관해서는 더 중요한 역할을 맡고, 재산 관리 운영에도 참여하기를"세계정의, 39항 바란다. 또한 교회 안에서 여성의 권리를 존중하고, 사상과 표현의 자유를 허용해야 한다. 사회교리는 "교회 안에도 의견의 다양성과 차이가 있을 수 있음을 인정한다."41항

교회가 인권과 정의를 증거 해야 한다면, 교회 자신이 먼저 사람들 앞에서 정의로워야 한다. 그래서 〈세계정의〉에서는 "우리는 먼저 교회 안에서의 행동규범, 교회 재산, 그 생활양식을 검토해 보아야 한다."38항고 지적한다.

> 교회는 복음이 가난한 사람들에게 전해질 수 있도록 검소하게 살며 세상 물질을 관리해야 할 의무가 있다. 그와 반대로 교회가 만일 현세의 부유하고 권력 있는 존재로 나타난다면, 교회에 대한 신뢰감은 감소될 것이다.세계정의, 42항

제6장

[사회교리 원리]

공동선, 보조성, 연대성

by Martin Erspamer

예수님이 안식일에 밀밭 사이를 질러가시게 되었다. 배고픈 제자들이 밀 이삭을 뜯기 시작하자, 바리사이들이 " 저들은 어째서 안식일에 해서는 안 되는 일을 합니까?" 하고 따졌다. 그러자 예수님께서 "다윗과 그 일행이 먹을 것이 없어 배가 고팠을 때, 어떻게 하였는지 너희는 읽어 본 적이 없느냐?" 하시면서 이렇게 덧붙였다. "안식일이 사람을 위하여 생긴 것이지, 사람이 안식일을 위하여 생긴 것은 아니다."마르 2,23-27 참조

교회에서 사회교리를 가르치는 이유는 무엇보다 '사람' 때문이다. 그 사람들 가운데 가장 가난한 이들을 옹호하기 위해서다. 사람들이 더 이상 죽음의 그늘진 골짜기를 걷지 않아도 좋을 '더 나은 세상'을 만들기 위해서다. 다시 말하면, 하느님께서 허락하신 인간의 존엄성을 드러내기 위해서다.

사회교리는 인간의 존엄성을 바탕으로 공동선, 보조성, 연대성이라는 세 가지 원리를 제시한다. 이 원리들은 "정의 안에서 실천되어야 하는 하느님 사랑과 이웃 사랑이라는 최고 계명으로 요약되는 복음의 요청이 사회생활에서 생기는 문제들과 마주칠 때"자유의 자각, 72항 적용할 수 있는 판단의 잣대이다.

공동선의 원리

사회교리는 기본적으로 '개인선'Personal-good의 원리에서 출발한다. 모든 개인은 어떤 상황에서든 존엄성을 인정받고 행복을 누릴 권리가 있다는 것이다. 그러나 개인은 사회에서 분리될 수 없

는 존재이기 때문에, 개인의 행복을 찾으려면 반드시 사회와 공동체가 필요하다. 여기서 발생하는 것이 '공동선'Common-good이다. 공동선은 다른 사람들과 관계를 맺으며 살아가는 사람들이 공유하는 가장 좋은 선이다. 공동선은 그 자체로 목적이 아니라, 개인을 위한 것일 때만 의미가 있다. 사실 개인은 혼자서 행복할 수 없으며, 국가나 공동체 안에 있어야 정치경제적 안정을 보장받으며, 특정 집단에 대한 소속감을 통해 심리적 안정과 자아실현을 할 수 있다. 〈그리스도교 사회윤리 기초〉, 심현주, 분도, 2009 참조

'공동선'이란 말은 토마스 아퀴나스에 의해 처음 교회 안에서 사용되었으며, 요한 23세 교황의 〈어머니요 교사〉에 잘 요약되어 있다.

> 공동선이란 인간이 자기 자신의 완성을 더욱 충만하게 더욱더 자유롭게 추구할 수 있는 사회생활의 모든 조건을 포함하고 있다. 어머니요 교사, 65항

공동선은 단지 '최대 다수의 최대 행복'이라는 공리주의 사상과는 다르다. 공동선은 비록 다수라 해도 누군가의 이익을 위해 다른 누군가의 고통이 생길 때는 이뤄지지 않는다. 국가의 정치적 목적을 위해서라면 개인이 희생될 수 있다는 논리도 공동선이 아니다. 공동체의 이익이 개인의 이익을 희생시키는 결과를 낳으면 안 된다.

국가가 언제나 국민들의 인간 존엄성과 자유로운 자아실현을

보장해 주지는 않는다. '국가안보' 등 국민 전체의 안녕과 '경제성장' 등 발전을 명목으로 국가가 개인의 자유와 존엄성을 침해한 사례는 얼마든지 있다. 특히 독재정권이나 나치 등 국가 사회주의에서 이런 일이 쉽게 발생한다. 또한 경제 자유주의가 개인의 안녕과 발전을 보장해 주지도 않는다. 경제 자유주의는 빈익빈부익부 현상을 강화하며, 집단주의는 소수의 특권계급이 권력을 독점한다. 이것은 모두 사회적 약자의 희생을 요구하기에 공동선이라고 말할 수 없다.

공동선과 관련해서 비오 11세 교황은 '재화의 보편적 목적'에 관해 이야기 한다.

> 창조된 재화의 분배는 공동선과 사회정의의 요청에 알맞게 이루어져야 한다. 성실한 관찰자라면 누구나, 지나친 부를 소유한 소수와 궁핍하게 사는 다수 사이의 큰 차이가 현대사회에서 심각한 해악이 되고 있다는 사실을 깨닫고 있기 때문이다.
>
> 사십주년, 28항

하느님께서는 온 인류에게 차별과 편애 없이 땅을 주어, 그 모든 구성원들이 생명을 유지하게 하셨는데, 이런 공동선이 파괴되면 만인에게 재앙이 된다는 것이다. 그래서 〈기쁨과 희망〉에서는 이렇게 말한다.

> 하느님께서는 땅과 그 안에 있는 모든 것을 모든 사람과 모든

민족이 사용하도록 창조하셨다. 따라서 창조된 재화는 사랑을 동반하는 정의에 따라 공정하게 모든 사람에게 풍부히 돌아가야 한다.기쁨과 희망, 69항

그렇다고 교회가 사유재산을 인정하지 않는 것은 아니다. "인간은 노동을 통해서 얻은 땅의 일부분을 자신의 것으로 만든다. 여기에 사유재산의 기원이 있다. 그러므로 사적 소유권은 개인과 가정의 자립에 반드시 필요한 공간을 각 개인에게 제공하는 것이며, 이는 인간 자유의 신장으로 여겨야 한다."기쁨과 희망, 71항고 말하고 있기 때문이다. 자본주의 사회에서 사적 소유권은 절대적인 것처럼 말하지만, 그리스도교 전통은 사적 소유권이 "어떤 경우에도 절대적이고 침해할 수 없는 권리"라고 인정하지 않는다. 모든 재화의 최종 소유자는 하느님이라고 믿기 때문이다.

> 땅은 나의 것이다. 너희는 내 곁에 머무르는 이방인이고 거류민일 따름이다.레위 25,23

프란치스코 교황은 2016년 11월 3일 '사회적으로 소외된 이들을 위한 희년 미사' 강론에서 이렇게 말했다.

> 사랑의 대상이어야 하는 사람들이 아니라 생산되는 물품들에만 관심을 기울인다면, 그것은 영적 경화의 증세입니다. 이것이 우리 시대의 비극적 모순의 기원입니다. 발전이 이루어지

고 새로운 가능성도 증가하지만, 또 그것은 좋은 것이지만, 그로부터 혜택을 받을 수 있는 사람들의 수는 점점 더 감소하고 있습니다. 이것이야말로 세상의 종말이 언제 일어나고 어떤 표징이 있을지 아는 것보다 훨씬 더 관심을 기울여야 하는 심각한 불의입니다. 라자로가 문 앞에 누워 있는데, 집에서 평온하게 자기 일만 할 수는 없기 때문입니다. 모든 사람의 집에 정의가 실현되지 않는 한, 부자들의 집에도 평화는 없습니다.

결국 공동선에 따라서 재화를 사용하려면, '가난한 이들을 위한 우선적 선택'을 받아 들여야 한다. 사회교리는 예수님께서 자신을 "가장 보잘것없는 이들"과 동일시하셨으며, "가난한 이들이 복음을 들을 때, 그것은 그리스도께서 현존하시는 표징이 된다."가톨릭교회교리서, 2443항고 말한다. 가난한 이들에 대한 교회의 사랑은 예수님의 가난과 가난한 이들에 대한 예수님의 관심에서 영감을 받고 있다.

"너희가 거저 받았으니 거저 주어라."마태 10,8는 복음의 명령을 실행하도록 재촉 받는 교회는, 사람은 궁핍한 자기 형제를 도와주어야 한다고 가르친다. 이러한 자비 활동 가운데, 가난한 이들에게 베푸는 자선은 형제애의 증거이며 동시에 정의를 실천하는 일이며, 하느님께서 기뻐하시는 일이다. 단, 애덕의 실천은 자선행위에만 국한된 것이 아니라, 빈곤문제의 사회적 정치적 차원에 대처하는 것도 포함하고 있다.간추린 사회교리, 184항

공동선, 보조성, 연대성

보조성의 원리

보조성의 원리와 연대성의 원리는 공동선을 이루기 위한 방법적 원리이다. 보조성의 원리는 1931년 비오 11세 교황이 전체주의 체제를 비판하며 회칙 〈사십주년〉에서 처음으로 제시하였다. 그러나 지금은 더 나은 민주주의를 이해하는데 큰 도움이 되고 있다.

> 사회상황의 변화 때문에 이전에는 소규모 집단이 수행했던 많은 일이 지금은 대규모 조직체에 의해서만 수행될 수 있다는 것은 사실이다. 그러나 개인의 창의력과 노력으로 완수될 수 있는 것을 개인에게서 빼앗아 사회에 맡길 수 없다는 것은 확고부동한 사회철학의 근본 원리다. 따라서 한층 더 작은 하위의 조직체가 수행할 수 있는 기능과 역할을 더 큰 상위의 집단으로 옮기는 것은 불의이자 중대한 해악이며, 올바른 질서를 교란시키는 것이다. 모든 사회 활동은 본질적으로 사회 구성체의 성원을 돕는 것이므로 그 성원들을 파괴하거나 흡수해서는 안 된다. 사십주년, 53항

보조성은 말 그대로 '도움'을 준다는 의미다. 상위의 큰 기관이 하위의 작은 기관의 자율성을 침해하지 않으면서, 자발적으로 발전할 수 있도록 도움을 주어야 한다는 원리다. 중앙관청이 하부 집단에 직접적으로 간섭하는 것은 개인선과 공동선 모두에 유익하지 않다. 물론 필요한 법률제정이나 전염병 예방 등은 국가에서

직접 감당해야 한다.

그러나 보조성의 원리는 기본적으로 공권력의 해악을 예방하자는 데 목적이 있다. 그래서 개인이 할 수 있는 일은 개인에게, 시민단체가 할 수 있는 일은 시민단체에게, 국가에서 할 수 있는 일은 개별 국가에 맡기라는 뜻이다. 다만 상위 단체들은 하위 단체가 잘 할 수 있도록 '보조 차원에서' 경제적, 제도적, 사법적 도움과 지원을 아끼지 말아야 한다.

보조성의 원리는 중요한 특정형태의 중앙집권화와 관료화, 국가의 과도한 개입을 막고 시민들의 자율적 삶을 증진시키기 위해서 필요하다. 시민사회단체 등 민간 주도의 공적 활동이 활성화 되어야 힘 있는 집단의 정치적 경제적 독점과 통제에서 자유로워질 수 있다. 이 과정에서 가장 필요한 것이 시민들의 자발적인 참여이다.

> 공동체 생활에 대한 참여는, 타인과 함께 타인을 위하여 국민으로서 자신의 역할을 자유로이 책임 있게 수행하도록 부름 받은 국민들의 가장 커다란 열망이다. 이런 참여는 민주주의 질서를 이루는 주축 가운데 하나이며, 민주주의 체제의 영속성을 보장해주는 일이다. 실제로, 민주정부란 무엇보다도 국민들이 국민의 이름으로 국민과 관련된 일에 얼마나 많은 영향력을 행사하는지에 따라서 규정된다. 따라서 모든 민주주의는 참여민주주의여야 한다. 간추린 사회교리, 190항

전체주의나 독재 체제의 지배를 받는 국가들은 국민들의 공공

생활에 대한 참여를 국가에 대한 위협으로 여겨 원천적으로 부정한다. 어떤 국가에서는 이런 권리가 형식적으로만 존재하고, 관료주의가 민주주의를 야금야금 먹어치우기도 한다.

연대성의 원리

연대성은 모든 개인과 민족들이 상호의존적이라 데서 요청되는 원리다. 2013년 프란치스코 교황이 착좌 이후 첫 방문지로 선택한 곳은 유럽으로 가려는 북아프리카 불법 이민자들의 밀항지로 잘 알려진 이탈리아의 람페두사 섬이었다. 교황은 불법이민자 수용소에서 미사를 집전하면서 강론을 통해 이민자들에 대한 국제적 무관심을 비판하고 양심의 각성과 형제애를 촉구했다. 이민자들은 대개 구명조끼 등 기본적인 안전장비도 없이 식량과 물 부족에 시달리며 정원을 넘어선 배를 타고 밀항을 시도하다가 사고로 매년 수백 명이 바다에서 목숨을 잃고 있다.

프란치스코 교황은 "이민자들이 바다에서 죽어가고 있다. 희망의 배가 죽음의 배가 되고 있다."며 이주민들이 빈번히 겪는 비극을 알고 나서 "줄곧 심장이 가시로 찔리는 듯 고통스러웠다."고 고백했다. 이 때문에 교황은 "이곳에 와서 기도하고, 내가 여러분과 함께하고 있다는 징표를 보여주고 싶었다."고 전하며 "이런 비극이 반복되지 않도록 우리 양심에 도전하고 싶다."고 말했다. 강론에 앞서 교황은 람페두사와 리노사의 주민들, 여러 연대단체의 봉사자들과 안전요원 등 "더 나은 미래를 향해 항해하는 이주민들을 지속적으로 돕고 있는 모든 이들"을 격려하며 "여러분은 소수입니다만, 연대의 본보기를 보여주고 있다. 고맙다."고 말했다.

한편, 교황은 '무관심의 세계화'를 비판하며 "우리 현대인들은 이웃 형제자매들에 대한 책임감을 상실했다."고 말했다. "우리는 예수님께서 착한 사마리아인 이야기에서 언급하신 사제와 레위인의 위선에 빠져버렸다."는 것이다. 길가에 쓰러져 죽어가는 형제를 보면 아마도 "가련한 영혼이여!" 하고 말하며 그냥 가던 길을 가버릴 것이라고 염려했다.

> 안락을 추구하는 문화는 오직 우리 자신만 생각하도록 합니다. 우리로 하여금 이웃의 고통에 무감각하게 만들고, 사랑스럽지만 허상 가득한 비누거품 속에 살도록 합니다. 그것들은 이웃에게 무관심하게 만드는 덧없고 공허한 망상에 빠져들게 합니다. 참으로 '무관심의 세계화'로 이끄는 것입니다.
>
> 교황 프란치스코, 2013.7.8. 람페두사 강론

교황은 "나한테는 영향 없어, 나하고 무슨 상관이야, 그건 내 일이 아니야!"라고 말하며 이웃의 고통에 익숙해진 현대인의 모습을 지적하며, "무관심의 세계화는 우리 모두를 무책임한 '익명의 사람들'로 만든다."고 비판했다. 여기서 교황은 인간 역사의 여명기에 하느님께서 "아담아, 너 어디 있느냐?" "네 아우는 어디 있느냐?" 하신 질문을 상기시켰다. 이 질문은 이 시대의 모든 이들에게, 우리 한 사람 한 사람에게 던지시는 질문이라면서, 교황은 "누가 이들을 위해 울고 있습니까?"라고 물었다.

〈간추린 사회교리〉는 연대성이란, "가깝든 멀든 수많은 사람들의 불행을 보고서 막연한 동정심이나 피상적인 근심을 느끼는 것"이 아니라, "반대로 공동선에 투신하겠다는 강력하고도 항구적인 결의"라고 말한다. 193항 참조

> 연대성은 무엇보다도 공동선을 지향하는 덕목이고, 타인을 착취하는 대신에 이웃의 선익을 위해 투신하고, 복음의 뜻 그대로 남을 위하여 '자기를 잃을' 각오로 임하는 것이다. 자기 이익을 위하여 남을 억압하는 대신에 '그를 섬기는' 것이다. 사회적 관심, 38항

제7장

[인간 노동]

자본에 대한 노동의 우위성

by Ade Bethune

노동자 예수님

이스라엘이 고백하는 하느님은 '히브리 노예들의 하느님'이다. 아브라함과 야곱과 요셉처럼 이스라엘의 성조들은 떠돌이였다. 이런 사람을 고대근동 사람들은 '하비루' 또는 '아피루'라고 불렀다. 그 뜻은 "배고픈, 목마른, 맨발의, 먼지의, 말고삐를 잡은 하인" 등 농경사회에서 땅을 소유하지 못하고 불안하게 떠도는 백성들을 이르는 말인데, 여기서 '히브리'라는 말이 나왔다. 이들이 체험한 하느님이 곧 이스라엘의 하느님이다. 그리고 이 백성 가운데 가장 먼저 '야훼' 하느님을 만난 사람이 모세라고 성경은 전한다. 그러면 모세가 만난 하느님은 어떤 분이셨을까?

탈출기에서는 모세가 여든 살이 되어서야 하느님을 만났다고 기록한다. 그가 왕궁에서 귀하게 누리며 살았던 40년, 그러나 모세가 하느님을 만나려면 미디안에서 또 다른 40년을 양치기로 지내야만 했다. 그가 완전히 민중의 한 사람이 되었을 때, 하느님은 광야 한가운데 불타는 떨기나무 앞에서 당신의 현존을 드러내신다. 그분은 모세에게 당신의 이름을 '에흐예 아쉐르 에흐예'אשר אהיה אהיה라고 전해 주었는데, 그 뜻은 "[너희와 함께] 있는 나"였다. 모세는 불타는 떨기나무 속에서 태양신의 아들인 파라오의 학정으로 당장에라도 타죽을 것 같은 히브리 노예들의 모습을 보았다. 그리고 죽을 목숨을 지켜주시는 하느님을 만났다. 그분의 첫 번째 명령은 "가서 이집트에서 신음하는 히브리들을 구출하라."는 것이었다. 그분은 가련한 노예들을 보살피는 '어머니의 젖가슴' 같은

엘 샤다이El Shaddai였다.

고대 중근동 지방에서 가장 비참한 노동자가 '노예'였던 것처럼, 그런 노예들을 해방하신 분이 하느님이신 것처럼, 하느님의 아드님이신 예수님 자신이 노동자로서, 목수의 작업대에서 평생을 보내셨다. 그분 제자들 가운데는 시몬베드로과 안드레아, 야고보, 요한 등 어부들이 주축이었다. 예수님은 공생활 기간 동안 뱃일에 능숙한 제자들 덕분에 갈릴래아 호수를 종횡무진하며 하느님 나라의 복음을 선포하실 수 있었다.

예수님께서는 설교에서 우리에게 노동의 중요성을 가르치신다. 우리와 똑같이 인간이 되시어 지상생활의 대부분을 목수의 작업대에서 육체노동을 하면서 보내시고, 요셉의 작업실에서 일하시며 요셉에게 순종하셨다. 예수님께서는 자신이 받은 탈렌트를 땅에 묻어 둔 쓸모없는 종의 행동을 비난하시고, 자기에게 맡겨진 일을 열심히 하다가 주인을 맞이하는 충성스럽고 슬기로운 종을 칭찬하신다. 예수님께서는 "내 아버지께서 여태 일하고 계시니 나도 일하는 것이다."요한 5,17라고 하시며, 제자들을 주님의 수확, 곧 인류 복음화를 위한 일꾼이라고 설명하신다. 이러한 일꾼들에게는 "일꾼이 품삯을 받는 것은 당연한 일"루카 10,7이라는 일반적인 원칙이 적용된다. 그러므로 일꾼들한테는 그들을 받아 준 곳에서 주는 것을 먹고 마시며 그곳에 머물 자격이 있다.간추린 사회교리, 256항 예수님은 하느님 나라를 가르치면서, 생활하는 백성들의 구체적인 일상을 비유로 들어 이야기하셨다. 그래서 몸소 노동하는 가난한 백성들은 하느님 나라의 비밀을 쉽게 알아들을 수 있었지만, 일상과 노동의 체험이 없는 부자들은 그 말을 알아듣지 못했다. 보아도 보지 못하고 들어도 듣지 못하는 사람들이다. 그리고 마침내 하느님 나라에서 그 가난한 이들이 '주인'이 되리라 선포하셨다. 하느님 나라는 날품 파는 이들이 평등하게 대접받는 나라이며, 그들에게 베풀어진 잔치와 같다.

노동의 거룩함

교회는 노동이 형벌이 아니라 하느님의 창조 사업을 계승하는 "성화의 한 수단"이며, "세상사에 그리스도의 정신을 불어넣는 것"이라고 가르친다.

> 예수님과 일치하여 노동의 수고를 견디는 사람들은 어떤 의미에서 하느님 아드님의 구원 활동에 협력하는 것이며, 그들이 부름 받고 있는 노동을 통하여 날마다 그분의 십자가를 지고 가는 그리스도의 제자들임을 분명히 보여 준다. 간추린 사회교리, 262항

바오로 사도는 어떤 그리스도인도 일하지 않고 다른 이들에게 폐를 끼치며 살 권리가 있다고 생각해서는 안 된다2테살 3,6-12 참조면서, "남에게 신세지는 일 없이"1테살 4,12 자신의 노동의 열매를

곤궁한 사람들과 나눔으로써 물질적인 것을 포함한 연대를 실천할 수 있도록 자신의 손으로 노동하는 것을 영예롭게 여기라고 권고한다. 한편 야고보 성인은 노동자의 짓밟힌 권리를 옹호한다.

> 보십시오, 그대들의 밭에서 곡식을 벤 일꾼들에게 주지 않고 가로챈 품삯이 소리를 지르고 있습니다. 곡식을 거두어들인 일꾼들의 아우성이 만군의 주님 귀에 들어갔습니다. 야고 5,4

고대 교회의 교부들은 노동을 '노예의 일'로 여기지 않고 언제나 '인간의 일'로 여겼다. 그러므로 노동은 고역苦役이 아니라 창조적 기쁨을 낳는 일이 되어야 한다. 단순히 생계를 위해 어쩔 수 없이 노동하는 것은 '하느님의 창조적 노동'을 모욕하는 것이다. 또 노동자들을 노예처럼 부리는 것은 하느님의 뜻을 거스르는 범죄 행위로 볼 수 있다. 노동은 언제 어디서나 노동자 자신에게나 세상을 위해 선한 일이 되어야 한다.

> 그리스도인들은 자기 먹을 양식을 마련하기 위해서뿐만 아니라, 가난한 이웃들에게 먹고 마실 것과 입을 것을 주고, 그들을 따뜻하게 맞이해 보살피며 친구가 되어주라는 주님의 명령에 따라 노동하도록 부름 받았다. 간추린 사회교리, 265항

암브로시오 성인은 "모든 노동자는 그리스도의 손이 되어 창조와 선행을 계속해 간다."고 했다. 그래서 이웃사랑을 목표로 사는

인간의 노동은 관상의 기회가 되고, "영원한 날을 간절히 바라며 부단히 깨어 바치는 신실한 기도가 된다."간추린 사회교리, 266항

자본에 대한 노동의 우위성

> 노동은 자본보다 본질적으로 우위에 있다. 이 원칙은 생산과정에 직접 관련되는 것이다. 생산과정에서 노동은 항상 주요 동인이 되지만, 생산수단의 총합인 자본은 다만 하나의 도구 또는 도구인이 될 뿐이다.노동하는 인간, 12항

교회는 '인격주의'를 강조한다. 교회는 토지와 기계나 원료 등 상품을 생산하는데 필요한 수단보다도, 직접 노동하는 인간에 주목한다. 사람은 생산수단자본을 활용하여 '창조적 노동'을 하며, 자신의 인격을 노동과정에 부여하기 때문이다. 그래서 노동자를 '고용된 노동'이라는 생산수단에 포함시키는 것에 반대한다. 그러나 현실적으로 자본과 노동이 서로를 필요로 한다는 점을 인정한다. "자본 없이 노동 없고, 노동 없이 자본 없다."는 말이다. 결국 자본과 노동의 협력이 필요하며, 여기서 얻어지는 이익 역시 한편이 독점하지 않고 공평하게 나누어져야 한다는 입장이다.

이러한 분배정의가 이뤄지지 않을 때 자본과 노동은 적대적 관계에 놓인다. 자본의 탐욕이 노동자들을 착취할 수 있기 때문이다.

노동자들이 자신들의 힘을 기업주들의 뜻에 맡기고, 기업주들

은 최대 이윤 추구의 원리에 따라 고용인들의 노동에 대해 가능한 최저임금을 책정하려고 한다. … 과학기술의 발전과 시장의 세계화는 노동자들을 경제 구조와 무절제한 생산성 추구 때문에 착취 당할 위험으로 내몬다.간추린 사회교리, 279항

노동과 휴식의 권리

"노동은 인간의 기본권이다."기쁨과 희망, 26항 노동은 가정을 이루고 유지하기 위해서, 재산권을 갖기 위해서, 인류 가족의 공동선에 이바지하기 위해서 필요하며, 이러한 노동이 인간의 존엄성을 표현하고 높여준다. 이런 점에서 실업은 "실제로 사회의 재앙"노동하는 인간, 18항이라고 지적한다.

노동은 모든 사람에게 속한 선이며, 노동에 참여할 능력이 있는 모든 사람에게 열려 있어야 한다. 그러므로 '완전고용'은 정의와 공동선을 지향하는 모든 경제 체제에서 의무적인 목표이다. 노동권이 방해받거나 제도적으로 부인되는 사회, 노동자들에게 만족스러운 수준의 고용을 보장하지 못하는 경제정책을 가지고 있는 사회는 윤리적으로 합당하다고 인정할 수 없으며 사회적 평화를 달성할 수도 없다.간추린 사회교리, 288항; 백주년, 43항

교회는 적극적인 고용정책을 증진할 의무가 '국가'에 있다고 강조한다. 따라서 국가는 경제생활 전반을 규제하는 방식이 아니라,

"기업 활동이 부족하면 자극을 주고, 고용 기회들을 제공할 조건들을 만들어줌으로써 기업 활동들을 지원해야 한다."백주년, 48항

한편 사회교리는 여성의 노동권을 주장하며, "노동 분야에서 여성의 존엄과 소명을 침해하는 갖가지 형태의 차별"을 비판한다. 곧 "여성의 요구는 왜곡되기도 하였고, 여성들은 사회에서 소외되고 노예처럼 격하되기도 하였다."간추린 사회교리, 295항면서, 여성을 실질적인 착취의 대상으로 삼으면서 사기를 꺾는 일이 반복되지 않도록 제도적 개선이 필요하다고 말한다. 덧붙여 "일터에서 어린이들을 노예처럼 착취하는"296항 어린이 노동을 인간의 존엄성 수호 차원에서 단죄한다. 이민자 또는 이주노동자 문제 역시 교회는 깊은 관심을 지니고 있다.

> 이민을 받아들이는 나라들은 모든 사람들에게 차별 없이 보장되어야 할 권리들을 자국인과 동등하게 누리도록 인정하지 않음으로써 외국인 노동자들을 착취하려는 생각이 확산되지 않도록 제도적으로 신중하게 감시하여야 한다.간추린 사회교리, 298항

사회교리는 인간의 노동권뿐 아니라 '휴식권'을 주장한다. "하느님의 모습대로 창조된 인간은 충분한 휴식과 여가를 누림으로써 가정, 문화, 사회, 종교생활을 영위할 수 있어야 한다."간추린 사회교리, 284항 주님의 날이 제정된 것도 이 때문이다. 그러므로 국가는 경제적 생산성을 이유로 기업이 노동자들에게 휴식과 하느님 예배를 위한 시간을 빼앗지 않도록 보장할 의무가 있다.

자본에 대한 노동의 우위성

주일은 자선활동을 하고 가족과 친지들, 병자와 노약자들에게 시간을 할애함으로써 거룩한 날이 되어야 한다. 우리는 '같은 필요와 권리를 가지고 있으면서도 가난과 고생 때문에 쉴 수 없는 형제들'을 잊어서는 안 된다. 더구나, 주일은 성찰과 침묵, 학습과 묵상을 통하여 그리스도인 생활의 내적 성장을 꾀하기에 적절한 시간이다. … 우리는 주님의 날을 언제나 해방의 날로 지냄으로써, '잔치와 또 하늘에 등록된 맏아들의 교회'히브 12,22-23 참조에 참석하며 천상영광 안에 거행될 결정적 파스카를 미리 맛본다.간추린 사회교리, 285항

노동자의 연대성

적정한 임금은 노동의 정당한 결실이다.가톨릭교회교리서, 2434항

사회교리는 적정한 임금을 지불하지 않는 사람은 사회적 불의를 저지르는 사람이라고 말한다. 여기서 적정한 임금이란 "각자의 임무와 생산성은 물론 노동조건과 공동선을 고려하여 본인과 그 가족의 물질적 사회적 문화적 정신적 생활을 품위 있게 영위할 수 있는 보수이다."기쁨과 희망, 67항 적정 임금은 노동자가 고용주와 맺은 단순한 계약에 따른 것이라기보다 공평성을 갖춘 사회정의에 걸 맞는 임금이다. 교회는 이와 관련해 노사 간에 분쟁이 발생했을 때, 비교적 사회적 약자에 해당하는 노동자들이 분쟁해결을 위해 다른 모든 방법이 효과가 없을 때는 '파업'을 할 수 있다고 말한다.

노동조합이 이룬 가장 힘든 승리 가운데 하나인 파업은, 노동자들이 고용주나 국가, 여론에 압력을 가함으로써 더 나은 노동조건이나 사회적 지위 향상을 얻고자 집단으로 결속하여 용역을 제공하는 것을 계속해서 거부하는 것이다. 일종의 최후수단인 파업은 언제나 자신의 요구를 제시하고 권리를 쟁취하는 평화로운 수단이 되어야 한다. 파업이 폭력을 수반하거나 근로조건과 직접 관련되지 않는 목적 또는 공동선에 어긋나는 목적을 내걸었다면, 그것은 도덕적으로 용납할 수 없게 된다. 간추린 사회교리, 304항

교회는 노동자들이 노동조합을 결성할 권리를 지지한다. 노동조합은 "노동자들이 기업가들이나 생산수단을 소유한 사람들과 맞서서 그들의 정당한 권리들을 보호하려고 투쟁하는 과정에서 성장해 왔다. 그러한 조직들은 공동선과 관련된 구체적인 목표를 추구하면서 사회질서와 연대에 긍정적인 영향력을 행사하므로 사회생활의 필요불가결한 요소이다." 간추린 사회교리, 305항 그러나 교회는 기본적으로 노동계의 계급투쟁보다는 협력을 선호한다. 노동조합은 상대를 제거하거나 증오하려는 집단이 아니라 '연대와 정의의 도구'가 되어야 하기 때문이다.

노동조합은 특정 직종에 있는 노동자들의 권리를 증진하고, 사회정의를 위한 투쟁을 촉진한다. 어떻든 이 투쟁은 … 다른 사람들에게 '대항하는' 투쟁이어서는 안 되며 … 정의로운 선을 '위한' 정당한 노력으로 인식되어야 한다. 노동하는 인간, 20항

노동조합은 노동조건을 개선하고 노동자의 권리를 지키려고 노력해야 하며, 노동자들의 대표로서 노동자에게 사회의식을 심어 줄 의무가 있다. 또한 다른 사회단체들과 협력하여 정치 분야에도 영향력을 행사하여 정치가 노동문제에 관심을 기울이고, 노동자 권리 존중을 돕도록 이끌 필요가 있다.

그러나 노동조합은 정치권력을 쟁취하려는 '정당'의 성격을 지니면 안 된다. 마찬가지로 다른 정당의 결정에 예속되거나 정당과 지나치게 밀착되는 것도 주의해야 한다고 가르친다. 간추린 사회교리, 307항 참조 한편 현대사회의 노동조합은 경제와 금융의 세계화 과정에서 "노동자들의, 노동자들과 함께하는 항상 새로운 결속운동이 필요하다." 노동하는 인간, 8항

> 오늘날, 노동조합은 새로운 방식의 활동이 요구되고 있다. 연대활동의 범위를 확장함으로써 전통적 의미의 노동자들뿐만 아니라 비정규직 또는 계약직 노동자들, 국제적 차원에서 점점 빈번하게 이루어지는 기업합병으로 일자리 위협을 받는 사람들, 일자리가 없는 이들, 이민자들, 계절노동자들, 시대에 발맞춘 직업교육을 받지 못해 노동시장에서 쫓겨나 적절한 재교육 없이는 일자리를 구할 수 없는 이들까지 보호할 수 있어야 한다. 간추린 사회교리, 308항

제8장

[경제 생활]

돈은 새로운 우상

by Rita Corbin

구약에서 우리는 재화와 부에 대한 두 가지 태도를 발견한다. 감사의 태도는 물질재화를 삶에 필요한 것으로 본다. 부나 사치가 아닌 풍요는 때때로 하느님께서 주신 복으로 여겨진다. … 다른 한편, 물질재화와 경제적 부는 그 자체로 비난받는 것이 아니라, 그것을 잘못 사용했을 때 비난받는다. 예언자 전승은 특히 가난한 이들을 향한 사기와 고리대금업, 착취와 커다란 불의를 단죄한다. 간추린 사회교리, 323항

"행복하여라, 마음이 가난한 사람들! 하늘나라가 그들의 것이다." 마태 5,3 처럼, 부와 가난을 종교적 태도로 본다면, "부유한 사람은 하느님 보다 자신의 소유에 신뢰를 두는 사람이며, 자기 손으로 한 일로 힘을 얻으며, 자신의 힘에만 신뢰를 두는 사람이다." 간추린 사회교리, 324항 그러나 자신을 하느님께 겸손하게 맡기고 하느님을 신뢰하는 사람은 마음이 가난한 사람들이며, 자신이 받은 선물과 물질재화를 잘 관리해서 세상의 선익을 위해 사용한다.

사실 돈을 사랑하는 것이 모든 악의 뿌리입니다. 돈을 따라다니다가 믿음에서 멀어져 방황하고 많은 아픔을 겪는 사람들이 있습니다. 1티모 6,10

악에서 벗어나 하느님과 다시 한 번 친교를 이루게 된 인간은 성령의 도움으로 예수님의 일을 계속 해 나갈 수 있다. 그 안에서 인간은 가난한 이들에게 정의를 베풀고, 억압받는 이들을

해방시키며, 고통 받는 이들을 위로하고, 물질적 가난에 대한 적절한 해결책을 제시하고, 가장 연약한 이들이 비참한 노예 상태에서 벗어나려고 할 때 그 장애물을 치워주도록 부름 받는다. 이럴 때 하느님 나라는 지상에 이미 존재하게 된다.

간추린 사회교리, 254항

나누고자 존재하는 부

교회는 "합법적으로 소유하고 있는 재화라도 언제나 보편적 목적을 지닌다."고 가르친다. 그래서 "경제 분야에서 일하는 사람들과 재화를 소유한 사람들에게 스스로를 하느님께서 맡기신 재화의 관리자로 인식하도록 촉구한다."간추린 사회교리, 328항 사회교리는 부자를 무조건 단죄하지 않는다. 다만, 소유한 부를 통해 타인과 사회를 이롭게 하고, 인간에게 봉사하도록 권한다. 알렉산드리아의 클레멘스 성인은 이렇게 말했다.

> 우리 가운데 누구도 아무것도 소유하고 있지 않다면, 어떻게 굶주린 이들에게 먹을 것을 줄 수 있고, 목마른 사람들에게 마실 것을 줄 수 있으며, 헐벗은 사람들에게 입을 것을 줄 수 있고, 집 없는 이들을 맞아들일 수 있겠습니까?
>
> 어떤 부자가 구원 받는가, 13항

이 세상의 주인은 하느님이시고, 그분께 얻어 누리는 부는 가난한 이들도 누릴 수 있도록 순환되어야 한다. 부에 대한 무절제한 집착과 부를 쌓아두려는 욕구에서 악이 드러난다. 그래서 카이사리아의 대 바실리오 성인은 부자들에게 곳간의 문을 열라고 권고한다. "탐욕의 모든 창고를 헐어버리고, 지붕을 허물어뜨리고, 담벼락을 헐어버리고, 썩어가는 곡식을 햇빛에 내놓고, 감옥에 갇혀 있던 재물을 끄집어내고, 탐욕스런 당신의 음침한 창고를 때려부수십시오." 하고 말한다. 곳간을 갖고 싶다면 가난한 이들의 배 속에 곳간을 지으라 한다. 천국에 그대를 위한 보물을 쌓으라 한다.

바실리오 성인은 분배정의를 복음적 요청으로 여겼다. 그래서 "커다란 급류가 비옥한 땅을 타고 수천 갈래로 흘러들 듯이, 여러분의 부도 다양한 여러 길을 통해 가난한 이들의 집에 흘러들어가도록 하시오."라고 말하고 있다. 바실리오 성인은 "부는 샘에서 솟는 물과 같다."고 했다. 샘에서 물을 자주 길어 올릴수록 물은 더 깨끗해지고, 샘물을 퍼내지 않으면 물이 썩는다고 경고했다.루카복음 강해 참조. 대 그레고리오 성인은 "자신을 위해서만 부를 소유하는 이는 죄를 짓는 것이며, 어려운 사람들에게 나누어 주는 것은 빚을 갚는 것이다."사목규칙, 3.21항라고 말했다.

도덕적 경제

도덕적으로 이루어지는 경제 활동은 개인의 성장에 유용한 재화 용역의 생산에서 오는 봉사이며, 모든 사람이 연대하고 '하느님께서 창조하신 목적인 사람들'과 친교를 맺는 기회가 된다. 더욱 공평한 사회, 더욱 인간다운 세상을 촉진할 수 있는 사회 경제 계획을 세우고 수행하는 노력은 어려운 과제이지만, 경제 분야에서 일하거나 경제학에 몸담은 사람들을 자극하는 의무이다.요한 바오로 2세, 2000년 세계평화의 날 담화, 15-16항

교회는 기업의 합법적인 정당한 이윤추구 자체를 비난하지 않는다. 또한 자원의 활용도를 높이고 생산물의 교환을 원활하게 하는 자유시장 구조의 장점들을 인정한다. 심지어 "진정한 경쟁 시장은 정의가 추구하는 중요한 목표들에 이를 수 있는 효과적인 도구"라고도 말한다. 기업들은 경쟁을 통해 개별 기업의 과도한 이윤을 조절하고, 소비자들의 요구에 응답하며, 자원을 더욱 효과적으로 이용하고, 소비자들이 구매 관련 정보를 손쉽게 이용할 수 있도록 도울 수 있다.간추린 사회교리, 347항 참조

그러나 기업의 개별 이윤이 정당한 것이라 해도, 그것이 유일한 목표가 되어서는 안 된다. 그래서 교회는 "시장이 자율적으로 작용할 수 있는 적절한 한계선을 정하고, 이를 보장하는 윤리적 목표에 굳게 뿌리 박혀 있어야 한다."고 지적한다. "시장 만이 모든 종류의 상품을 공급할 수 있다는 생각은 개인과 사회에 대한 환원주의적 시각"백주년, 34항이기 때문에 공감할 수 없다. 실질적인 '시장의 우상숭배' 위험에 직면해서 교회는 시장의 한계를 지적한다.

경제적 자유는 다만 인간 자유의 한 부분이다. 경제적 자유가

자율적이 될 때, 인간은 살기 위하여 생산하고 소비하는 주체가 아니라, 단지 재화의 생산자나 소비자로 전락한다. 이럴 때 경제적 자유는 인간을 소외시키고 억압하게 된다. 백주년, 39항

그래서 국가나 다른 공공기관들은 보조성의 원리에 따라서 기업의 자유로운 경제활동을 보호해 주어야 하지만, 다른 한편으로는 연대성의 원리에 따라서 사회적 약자들을 보호하기 위해서 경제 활동의 자유에 제한을 두어야 한다. "실제로 자유 시장은 국가가 경제 발전의 윤곽을 정하고 이끌어 갈 수 있는 체계를 갖출 때에만 전체 국민에게 유익한 영향을 미칠 수 있다." 간추린 사회교리, 353항

무관심의 세계화, 배척의 경제

프란치스코 교황은 교황권고 〈복음의 기쁨〉에서 '배척과 불평등의 경제'를 비판한다. 그러한 경제가 낳은 부는 사람을 살리지 못하고 죽일 뿐이기 때문이다.

> 나이든 노숙자가 길에서 얼어 죽은 것은 기사화 되지 않으면서, 주가 지수가 조금만 내려가도 기사화 되는 것이 말이나 되는 일입니까? 이것이 바로 배척입니다. 한쪽에서는 굶주림에 시달리는 사람들이 있는데도 음식이 버려지고 있는 현실을 우리는 더 이상 가만히 보고 있을 수만은 없습니다. 이는 사회적 불평등입니다.

> 오늘날 모든 것이 경쟁의 논리와 약육강식의 법칙 아래 놓이게 되면서 힘없는 이는 힘센 자에게 먹히고 있습니다. 그 결과 수많은 사람이 배척되고 소외되고 있습니다. 그들에게는 일자리도, 희망도, 현실을 벗어날 방법도 없습니다. 복음의 기쁨, 53항

프란치스코 교황은 인간을 사용하다가 그냥 버리는 소모품처럼 여기는 문화를 비판한다. 용도 폐기되어 버려진 사람들은 더 이상 사회 최하층이나 주변인이나 힘없는 사람이 아니라 '사회 밖에 있는 사람들'이며 '쫓겨난 사람들'이기 때문에 아무도 관심을 보이지 않는다고 지적한다. 어떤 사람들은 자유 시장으로 부추겨진 경제성장이 세상을 더욱 정의롭고 평등하게 만들 것이라고 주장하는 '낙수효과'를 믿고 있지만, 교황의 생각은 다르다. 경제라는 파이가 커지면 가난한 이들에게 떨어지는 고물도 자연히 많아질 것이라고 믿는 것은 한 번도 사실로 확인된 적이 없는 '순진한 믿음'이라고 비판한다.

다른 이들을 배척하고 자신의 성공만 바라보고 살아온 사람들은 자본의 세계화에 비례해서 '무관심의 세계화'를 펼쳐 왔다. 그 결과 우리는 "알게 모르게 다른 이들의 고통스러운 절규 앞에서 함께 아파할 줄 모르고, 다른 이들의 고통 앞에서도 눈물을 흘리지 않으며, 그들을 도울 필요마저 느끼지 못하게 되었다."54항고 교황은 안타까워한다.

잘 먹고 잘 살자는 문화가 우리를 마비시키고, 시장에 새 상품이 나오면 사고 싶어서 안달하게 만든다. 그러나 기회를 박탈당하

고 좌절하고 있는 사람들은 연민의 대상이 아니라 '단순한 구경거리'로 전락하고 있다.

돈은 새로운 우상이다

우리 시대에 "돈이 새로운 우상이 되었다."고 프란치스코 교황은 말한다. 소수의 사람들은 소득이 기하급수적으로 늘어나고 번영을 누리고 있지만, 대다수의 사람들은 이러한 행복에서 동떨어져 있다. 이런 경제 불균형은 "시장의 절대 자율과 금융투기를 옹호하는 이념의 산물"이라고 교황은 지적한다. 이 이념은 공동선을 지켜야할 국가의 통제권을 배척하고, 자신의 논리를 무자비하게 세상에 관철시키고 있다. 이익 증대를 목적으로 모든 것을 집어삼키려 하는 이 신자유주의 체제 안에서, 신격화된 시장의 이익 앞에서, 가난한 사람들과 자연환경처럼 취약한 모든 것은 무방비 상태에 놓여 있다. 56항 참조

> 우리는 새로운 우상을 만들어냈습니다. 고대의 금송아지에 대한 숭배가 탈출 32,1-35 참조 돈에 대한 물신주의라는, 그리고 참다운 인간적 목적이 없는 비인간적인 경제독재라는 새롭고도 무자비한 모습으로 바뀌었습니다. 복음의 기쁨, 55항

교황은 이러한 태도 뒤에는 "윤리와 하느님에 대한 거부"가 숨어 있다고 지적한다. 우상숭배자들은 "윤리가 돈과 권력을 상대화

하기 때문에 비생산적이고 지나치게 인간적"이라며 경멸에 찬 냉소의 눈길을 보낸다. 그러나 특정 이데올로기에 따르지 않는 윤리는 경제적 균형과 더불어 더욱 인간다운 사회질서를 가져다준다.

궁극적으로 윤리는 시장의 범주에서 벗어나 책임있게 응답하라고 요구하시는 하느님께 우리를 이끕니다. 이 시장의 범주들을 절대화 해 버린 사람들의 눈에는, 하느님이 통제할 수 없고, 다루기 힘들며, 위험하기까지 하신 분으로만 보입니다. 하느님께서는 온전한 자아실현을 하고, 온갖 예속에서 벗어나라고 인간을 부르고 계시기 때문입니다. 복음의 기쁨, 57항

불평등은 폭력을 낳는다

우리는 안전한 삶을 원하지만, 사회와 다양한 민족들 사이에 배척과 불평등이 사라지지 않는 한, 폭력을 뿌리째 뽑을 수 없다는 게 프란치스코 교황의 생각이다.

가난한 이들과 못 사는 민족들이 폭력을 일으킨다고 비난을 하지만, 이들에게 균등한 삶이 주어지지 않는 한 언제든지 온갖 형태의 공격과 분쟁은 계속될 것이다. 불평등한 사회 경제 체제가 그 뿌리로부터 불의하기 때문이다. 부당하고 악한 체제에서 폭력 등 악에 편승하는 것은 너무 쉽다.

모든 행동에는 결과가 따른다고 할 때, 한 사회 구조에 밴 악

은 언제나 분열과 죽음의 잠재력을 지니고 있습니다. 이것은 불의한 사회구조 안에서 굳어져 버린 악으로, 더 나은 미래를 위한 희망의 바탕이 될 수 없습니다. 이른바 '역사의 종착지'까지는 아직 멀었습니다. 지속 가능하고 평화로운 발전의 조건들이 아직 적절히 마련되거나 실현되지 않았기 때문입니다.
복음의 기쁨, 59항

프란치스코 교황은 오늘날 경제 운영체제는 "무분별한 소비를 부추기고, 그 결과 걷잡을 수 없는 소비 지상주의가 불평등과 결합하여 사회조직을 이중으로 손상시키고 있다."고 말한다. 겉으로 보기에 경제가 발전한 것처럼 보여도, 이런 불평등한 경제체제는 가난한 이들의 신음소리를 낳고, 결국 폭력으로 치닫게 한다. 이런 체제는 더욱 더 안전한 삶을 요구하는 이들에게 거짓된 희망을 줄 뿐이다. 복음의 기쁨, 60항 참조

사회교리는 "물질재화가 단순한 생존이나 삶의 질 향상에 매우 필요하다고 해도, 인간의 삶이 유물론 차원으로 격하되어서는 안 된다."면서, "하느님에 대한 의식과 자신에 대한 인식이 증대하는 것은 인간사회가 온전하게 발전하는데 기초가 된다."간추린 사회교리, 375항고 말한다.

경제 체제 자체는 성숙한 인격 형성을 위한 거룩한 욕구와 이를 방해하는 조작된 욕구를 구별할 수 있는 규범이 없다. 그저 이윤창출에 도움이 된다면 새로운 욕구를 부추기고 더 많이 소비시킬 뿐이다. 그래서 교회는 무엇이 정작 인간에게 더 소중한 것인

지 분별할 수 있도록 가르쳐야 한다.

> 소비자가 자신의 선택 능력을 책임 있게 사용하도록 하는 교육, 생산자들 사이의 그리고 특히 대중매체 종사자들 사이의 강한 책임의식에 대한 교육, 공권력 개입의 필요성에 대한 교육을 포함하여, 상당한 교육적 문화적 활동이 절실히 요청된다. 간추린 사회교리, 376항

제9장

[정치공동체]
정치는 최고의 자선

by Martin Erspamer

하느님의 통치와 정치적 권위

이것이 여러분을 다스릴 임금의 권한이오. 그는 여러분의 아들들을 데려다가 자기 병거와 말 다루는 일을 시키고, 병거 앞에서 달리게 할 것이오. 천인 대장이나 오십인 대장으로 삼기도 하고, 그의 밭을 갈고 수확하게 할 것이며, 무기와 병거의 장비를 만들게도 할 것이오. 또한 그는 여러분의 딸들을 데려다가, 향 제조사와 요리사와 제빵 기술자로 삼을 것이오. 그는 여러분의 가장 좋은 밭과 포도원과 올리브 밭을 빼앗아 자기 신하들에게 주고, 여러분의 곡식과 포도밭에서도 십일조를 거두어, 자기 내시들과 신하들에게 줄 것이오. 여러분의 남종과 여종과 가장 뛰어난 젊은이들, 그리고 여러분의 나귀들을 끌어다가 자기 일을 시킬 것이오. 여러분의 양 떼에서도 십일조를 거두어 갈 것이며, 여러분마저 그의 종이 될 것이오. 그제야 여러분은 스스로 뽑은 임금 때문에 울부짖겠지만, 그때에 주님께서는 응답하지 않으실 것이오. 1사무 8,11-18

이스라엘은 애초에 다른 민족과 달리 하느님의 통치만을 인정하고 왕을 섬기지 않았다. 판관기에 따르면, 은사를 받은 개인판관을 통하여 이스라엘을 위해 개입하시는 분은 하느님이시다. 그러나 백성들은 강성한 이민족의 위협에 맞설 왕을 세워달라고 사무엘에게 부탁한다. 그러자 사무엘은 전제적인 왕권 행사가 가져올 결과에 대해서 위와 같이 경고했다.

백성들의 탄원이 계속되자 이스라엘에도 사울로 시작하는 왕권이 자리 잡았는데, 왕권에 대한 이스라엘의 개념은 주변 민족들과 달랐다. 왕은 신실한 하느님의 아들로 여겨졌다. 이 왕은 약한 이들의 보호자이며 백성을 위한 정의의 보증인이 되어야 한다. 왕들이 이런 기능을 제대로 수행하지 못할 때마다 예언자들이 등장해 왕권을 탄핵하고 정의를 요구했다. 주님께서 기름을 부어 세운 왕은 정의로운 판단을 내리고, 부정을 싫어하며, 가난한 이들을 공평하게 재판하고, 마음이 깨끗한 이들의 벗이 되어야 했기 때문이다. 잠언 16,12; 29,14; 22,11 참조

너희도 알다시피 다른 민족들의 통치자라는 자들은 백성 위에 군림하고, 고관들은 백성에게 세도를 부린다. 그러나 너희는 그래서는 안 된다. 너희 가운데에서 높은 사람이 되려는 이는 너희를 섬기는 사람이 되어야 한다. 또한 너희 가운데에서 첫째가 되려는 이는 모든 이의 종이 되어야 한다. 마르 10,42-44

예수님은 민족의 통치자들이 휘두르는 억압적인 정치권력을 거부하셨다. 예수님이 "황제의 것은 황제에게 돌려주고, 하느님의 것은 하느님께 돌려 드려라."마르 12,17 하고 말했을 때, 이 말은 아주 도전적인 언어였다. 당시 유대인들에게 '모든 것'은 하느님의 소유였다. 이스라엘 땅도 하느님께 속하고, 모든 사람들은 하느님의 땅에서 일하는 소작인이거나, 그 땅에 머무르는 이방인이다. "땅은 나의 것이다. 너희는 내 곁에 머무르는 이방인이고 거류민

일 따름이다."레위 25,23 그러므로 황제에게 속한 것은 아무 것도 없다는 상당히 '정치적인' 발언이었다. 예수님은 황제에게 속한 권력을 거부하시고, 하느님의 자비로운 통치를 선택하신 분이다. 하느님의 통치를 따르는 왕은 당연히 예수님처럼 겸손하고, 종처럼 백성들을 섬기는 자가 되어야 한다.

> 소극적인 복종이 아닌 '양심 때문에' 합법적인 권위에 복종하는 것은 하느님께서 세우신 질서에 따르는 것이다.
> 간추린 사회교리, 380항

바오로 사도는 시민들의 납세 의무와 정치적 권위를 인정하며 "두려워해야 할 사람은 두려워하고, 존경해야 할 사람은 존경하십시오."로마 13,7라고 말했다. 그러한 권위는 인간을 위해 하느님을 섬기며, "악을 저지르는 자에게 하느님의 진노를 집행하는"13,4 권위일 때에만 정당하다.

> 인간의 권위는 하느님께서 바라시는 한계를 벗어날 때, 스스로를 신격화하여 절대적인 복종을 요구한다. 그리하여 '성도들의 피와 예수님의 증인들의 피에 취해 있는'묵시 17,6 오만한 박해자의 권력을 상징하는 묵시록의 짐승이 된다. 이 짐승을 섬기는 '거짓 예언자'는, 현혹하는 표지들로 사람들을 꾀어 이 짐승을 섬기게 한다. … 그러나 그리스도께서는, 스스로를 절대 권력으로 높이려는 모든 권력을 물리치신다.간추린 사회교리, 382항

교회의 정치참여

> 정치 공동체는 국민들이 인간의 권리를 참되게 행사하고 그에 상응하는 의무들을 온전하게 이행할 수 있는 인간적인 환경을 조성해 주고자 노력함으로써 공동선을 추구한다.
>
> 간추린 사회교리, 389항

'정치'라는 말처럼 애매모호한 말이 없다. 그래서 어떤 이들은 "교회는 정치에 관여해서는 안 된다."라고 주장한다. 많은 사람들에게 정치란 더러운 것, 거짓말, 대중선동을 뜻하기 때문이다. 그것은 '정치모리배'라는 말이 뜻하는 것처럼 부패와 조작 그리고 특정 정치집단의 갈등을 포함해서 정치에 대한 좋지 못한 우리들의 경험에서 나온 말이다. 그러나 아리스토텔레스가 "인간은 정치적 동물"이라고 말한 것처럼 우리는 시민사회 안에서 정치와 무관하게 살 수 없으며, 정치에 대한 부정적 견해는 '정치의 병리현상' 때문에 나타난 것이다.

시민들과 더불어 교회가 정치적 사안에 관심을 기울이지 않으면, 하느님께서 가장 아끼는 사회적 약자들은 하소연 할 데가 없어진다. "예수님께서는 배에서 내리시어 많은 군중을 보시고 가엾은 마음이 드셨다. 그들이 목자 없는 양들 같았기 때문이다. 그래서 그들에게 많은 것을 가르쳐 주기 시작하셨다."마르 6,34 는 복음서 이야기처럼, 교회는 신자들의 삶에 구체적인 영향을 미치는 '정치'에 대해서도 "난 모르는 일인 걸!" 하고 자신과 상관없는 일처럼 딴청을 부리면 안 된다. 프란치스코 교황은 성녀 마르타의 집 소성당 미사 강론에서 이렇게 말했다.

> 그들이 통치하니, 우리는 아무 상관이 없다고 누구도 말할 수 없습니다. 나는 그들의 통치에 대해 책임이 있으며, 그들이 더 잘 통치하도록 최선을 다해야 합니다. 능력껏 정치에 참여함으로써 최선을 다해야 합니다. 교회의 사회교리에 따르면 정치란 가장 높은 형태의 자선입니다. 정치가 공공의 선에 봉사하기 때문입니다. 빌라도처럼 손을 씻고 뒤로 물러나 있을 수 없습니다. 그렇지 않은가요?
> 우리는 뭔가 기여해야 합니다. 좋은 가톨릭 신자라면 정치에 관여해야 합니다. 스스로 최선을 다해 정치에 참여함으로써 통치자들이 제대로 다스리게 해야 합니다. 우리가 통치자들에게 제공할 수 있는 최선의 것은 무엇일까요? 기도입니다. 사도 바오로의 말씀대로 임금들과 높은 지위에 있는 모든 사람을 위해서도 기도하십시오." 교황 프란치스코, 2013.9.16.

〈푸에블라 문헌〉에서도 "교회가 정치영역에 참여해야 하는 필연성은 그리스도교 신앙의 핵심에서 흘러나온다." 516항고 했다. 정치는 그리스도의 '권위'의 맥락에서 이해할 수 있다. 그리스도는 마음과 영혼, 교회 같은 작은 영역에서만 '주님'으로 고백되지 않는다. 그분은 정치적, 사회적, 우주적 차원의 주님이시다. 특별히 예수님은 '정의'와 상관이 깊은 하느님 나라를 선포하였기 때문에,

이 하느님의 통치 영역 안에는 '정치' 영역이 당연히 포함된다. 예수님의 제자들이 로마황제가 아닌 한낱 목수에 불과했던 예수님을 '주님'으로 고백하는 순간, 이들은 사실상 정치적인 진술을 하고 있는 셈이었다.

> [교회의 정치에 대한 관심은] 한 분이신 하느님을 경배하는 방법이며, 세상을 비성역화 하는 방법인 동시에 세상을 성역화 하는 방법이다. 푸에블라, 521항

하느님 나라에 참여한다는 것은 하느님의 통치를 받아들이는 것이고, 신성시된 정치권력의 신비를 걷어내고, 세상을 하느님께 봉헌함으로써 거룩하게 만드는 일이다. 그러니 신앙행위는 사실상 정치행위이기도 하다. 이처럼 교회는 복음의 시선으로 개인과 사회, 정치와 경제 등 삶의 모든 분야에 걸친 재구성을 요청하는 '복음의 정치학'을 선포한다. 실상 예언자들처럼 '하느님의 정치'를 한다는 것은 만인의 정의를 위해 투쟁하는 것이며, 정의의 성취는 곧 하느님께 영광을 돌려드리는 행위이다. 그래서 바오로 6세 교황은 〈팔십주년〉에서 이렇게 말한다.

> 정치는 타인에게 봉사하면서 그리스도교의 임무를 삶으로 수행하는 [유일하지는 않지만] 최선의 방법이다. 팔십주년, 46항

〈푸에블라 문헌〉에서 라틴 아메리카 주교들은 "교회는 사회적

불의에 맞서야 하며, 분명한 착취를 지켜보면서 침묵할 수 없다."고 말했다. 교회는 명백한 불의 앞에서 억압받고 가난한 이들의 편에서 발언하거나 아니면, 침묵으로 지배 권력에 동조할 수 있을 뿐이기 때문이다.

> 경제적, 사회적, 문화적, 정치적 의미가 없는 복음을 선포한다면, 그것은 그리스도인 자신들이나 심지어 사제와 교회 관계자들에게서 비롯된 교회의 조작극이 행해지고 있는 것이다. 실제로 이런 조작은 비록 그것이 발각되지 않는다고 하여도, 기존 질서와 뒤얽히며 타락하게 된다. 푸에블라, 558항

브라질의 해방신학자 레오나르도 보프는 "만일 우리의 설교와 강론이 정의와 형제애, 사회참여에 관해 언급하지 않는다면, 또 폭력을 규탄하지 않는다면, 우리의 설교는 복음을 왜곡하고 예언자들의 메시지와 예수 그리스도의 말씀에 변죽만 울리고 있는 것이다."라고 비판했다. 이처럼 넓은 의미의 정치Politics에는 주교와 사제, 수도자를 포함한 모든 신자들이 참여해야 한다. 그러나 정당 활동 등 좁은 의미의 정치politics에는 일부 신자들만 참여할 수 있다.

정치권력과 시민의 저항권

국민은 자신들이 자유롭게 선출한 대표들에게 주권 행사를 위

임하지만, 통치 임무를 맡은 이들의 활동을 평가하고 그들이 충분히 역할을 수행하지 못할 경우 대표자를 바꿈으로써 자신의 주권을 여전히 주장할 수 있다. 이러한 권리는 모든 국가와 모든 형태의 정치체제에서 효력을 발휘하지만, 민주주의 정부는 확인절차를 갖추고 있기 때문에 이러한 권리가 최대한 적용될 수 있게 하고 그렇게 보장해 준다. 간추린 사회교리, 395항

교회는 정치권력이 도덕률에 따라서 행사되기를 기대한다. 정치권력이 지닌 힘이 하느님에게 원천을 두고 있는 도덕 질서에서 비롯된 것이지, 권력자의 독단적인 의지나 권력욕에서 비롯된 것이 아니라고 믿기 때문이다. 그러므로 정치권력은 인간의 도덕적 가치를 인정하고, 존중하고, 키워가야 한다. "인간의 법 역시 인간의 존엄성과 올바른 이성에 어긋나는 경우에는 더 이상 법이 아니라 하나의 폭력행위에 불과하다." 간추린 사회교리, 398항 이처럼 정치권력이 공동선 추구라는 고유한 목적을 저버리면 스스로 정당성을 잃게 된다. 이때에 시민들은 부당한 공권력 행사를 '양심에 따라서' 거부할 권리를 갖는다고 교회는 가르친다.

공권력의 명령이 도덕질서의 요구나 인간의 기본권 또는 복음의 가르침에 위배될 때, 국민들은 양심에 비추어 그 명령에 따르지 않을 의무가 있다. 가톨릭교회교리서, 2242항

교회는 자연법이 실정법의 토대이며 실정법을 제한한다고 믿

기 때문에, 정치권력이 자연법의 근본원리를 심각하게 또는 반복적으로 침해한다면 그러한 권위에 대한 저항은 정당하다고 가르친다. 그러나 시민들의 저항권 행사가 폭력에 의존하는 것은 반대한다. 교회는 어떤 경우에도 "도덕원칙에 더욱 부합하고 성공에 대한 확실한 전망을 가진 방법인 소극적 저항을 실천하는 게 바람직하다."간추린 사회교리, 402항 참조고 권고한다. 또한 정치권력의 억압에 저항하면서 불가피하게 무기를 사용해야 하는 경우에는 아래 조건이 다함께 충족되는 경우에만 정당성을 갖는다.

① 기본권이 확실하고 심각하게 그리고 오랫동안 침해를 받을 때 ② 다른 수단을 모두 사용하고 난 뒤에 ③ 더 심한 무질서를 일으킬 위험이 없을 때 ④ 성공할 수 있다는 희망이 보일 때 ⑤ 아무리 생각해 보아도 더 나은 해결책이 없다는 판단이 설 때이다. 가톨릭교회교리서, 2243항

교회는 정치권력이 "인간의 기본권을 유린하고 국가의 공동선을 극도로 해치는, 장기간의 명백한 폭군적 압제를 종식시키기 위한 극단적인 처방"으로만 무력(힘)에 의한 해결책을 인정한다. 민족들의 발전, 31항 참조

참여 민주주의

참된 민주주의는 단지 특정한 규범들을 형식적으로 따른 결과

가 아니다. 모든 인간의 존엄성, 인권 존중, 정치 생활의 목적이며 통치 기준인 공동선에 대한 투신과 같이 민주주의 발전에 영감을 주는 가치들을 확신 있게 받아들인 열매이다. 이러한 가치들에 대한 일반적인 합의가 없다면 민주주의의 진정한 의미는 상실되고, 그 안정성도 위태로워진다. 간추린 사회교리, 407항

요한 바오로 2세 교황은 회칙 〈백주년〉을 발표하면서, 민주주의를 높이 평가했다. 민주주의는 시민들이 정치적 결정에 참여할 수 있는 권한을 주고, 정치권력을 선택하거나 통제하고, 필요한 경우에는 평화적으로 교체할 가능성을 보장해 주기 때문이다. 그러나 원칙 없는 민주주의는 자칫 '위장된 전체주의'로 전락할 가능성도 있다. 또한 정치적 부패는 민주주의 원칙과 사회정의 규범을 한꺼번에 짓밟을 수도 있다. 따라서 시민사회의 발전이 민주주의의 필수조건이다.

시민사회는 정치 경제 영역에서 비교적 독립되어 있는 '문화적 단체적 자원과 관계의 총체'이다. 시민들은 자신들의 다양한 요구와 이익을 표현할 수 있는 '시민사회단체'를 구성할 권리가 있다. 정치공동체는 시민단체에 봉사하고, 결과적으로 시민단체를 구성하는 개인 및 집단에게 봉사해야 한다. 시민사회단체는 국가나 시장과 구분되어 '제3의 부문'을 이루며, 이들은 여러 가지 활동을 통하여 정치영역에 압력을 행사하고 견제하며, 자신의 이해와 요구를 얻기 위해 활동함으로써 개인의 사회참여의 폭을 넓혀준다.

제10장

[환경 보호]

생태적 회심을 위하여

by Ade Bethune

하느님께서는 이렇게 당신의 모습으로 사람을 창조하셨다. 하느님의 모습으로 사람을 창조하시되 남자와 여자로 그들을 창조하셨다. 하느님께서 그들에게 복을 내리며 말씀하셨다. "자식을 많이 낳고 번성하여 땅을 가득 채우고 지배하여라. 그리고 바다의 물고기와 하늘의 새와 땅을 기어 다니는 온갖 생물을 다스려라." … 하느님께서 보시니 손수 만드신 모든 것이 참 좋았다. 저녁이 되고 아침이 되니 엿샛날이 지났다. 창세 1,26-31

왜곡된 인간 중심주의

창세기는 인간을 포함해 모든 피조물들을 지으시고 하느님께서 "참 좋았다!"라며 기뻐하셨다고 소개한다. 그러나 하느님의 사랑으로 하느님과 닮은 모습으로 창조된 인간에게 다른 모든 피조물을 '지배'하라는 명령을 내리셨다는 점 때문에, 환경론자들 가운데 유대-그리스도교를 비판하는 이들이 있다. 성경이 인간을 본성적으로 '지배적이며 파괴적인' 존재로 묘사했기 때문에, 사람들이 분별없이 자연을 착취하도록 부추겼다는 것이다.

그러나 프란치스코 교황은 회칙 〈찬미받으소서〉에서 "이는 교회가 이해한 바른 성경 해석이 아니다."라고 말했다. 성경은 우리가 세상이라는 정원을 "일구고 돌보아야" 한다고 말하고 있다. 인간과 자연은 서로 책임을 지는 관계에 있기 때문이다.

모든 공동체는 생존에 필요한 것은 무엇이든 풍요로운 땅에서 얻을 수 있으면서도, 동시에 이 땅을 보호하고 후손들을 위하여 이 땅이 계속해서 풍요로운 열매를 맺을 수 있게 해야 할 의무도 있습니다. "땅은 주님의 것입니다."시편 24,1 그래서 "땅과 그 안에 있는 모든 것"신명 10,14은 주님의 소유입니다. 그러므로 하느님께서는 절대적 소유를 주장하는 인간의 청구를 모두 거절하십니다.찬미받으소서, 67항

실제로 성경의 율법은 다른 사람들과의 관계뿐 아니라 다른 생명체와 관계를 맺는 다양한 규범을 인간에게 차근차근 제시하고 있다. 성경에서는 분명히 다른 피조물을 고려하지 않는 일방적인 인간 중심주의를 인정하지 않는다.

너희는 너희 동족의 나귀나 소가 길에 넘어져 있는 것을 보거든, 그것들을 모르는 체하지 말고 반드시 너희 동족을 거들어 일으켜 주어야 한다. 너희가 길을 가다가 나무에서건 땅에서건 어린 새나 알이 있는 둥지를 보았을 때, 어미 새가 어린 새나 알을 품고 있거든, 새끼들과 함께 어미 새까지 잡아서는 안 된다.신명 22,4.6

창세기에서 하느님이 "참 좋았다."고 한 것처럼, 성경에서는 다른 생명체들도 하느님에게는 고유한 가치가 있음을 인정한다. 하느님은 그 피조물들 역시 당신의 창조 업적의 하나로 기쁘게 받아들이시기 때문이다. 〈가톨릭교회교리서〉에서도 "동물은 단순

히 생존함으로써도 하느님을 찬미하고, 하느님께 영광을 드린 다."2416항고 하였다. 시편은 우리와 함께 하느님을 찬미하도록 다른 피조물들을 초대한다.

> 주님을 찬양하여라, 해와 달아.
> 주님을 찬양하여라, 반짝이는 모든 별들아.
> 주님을 찬양하여라, 하늘 위의 하늘아
> 하늘 위에 있는 물아.
> 주님의 이름을 찬양하여라,
> 그분께서 명령하시자 저들이 창조되었다.
>
> 시편 148,3-5

창조의 신비

창조는 하느님께서 손을 내밀어 주시는 선물이며, 피조물 안에 있는 사랑의 질서를 드러낸다. 그래서 프란치스코 교황은 "가장 하찮고 덧없는 생명조차도 하느님 사랑의 대상이며, 아주 잠깐 살아 있어도 하느님께서는 그것을 사랑으로 감싸 안아 주신다."찬미받으소서, 77항고 말한다.

> 당신께서는 존재하는 모든 것을 사랑하시며
> 당신께서 만드신 것을 하나도 혐오하지 않으십니다.
> 당신께서 지어 내신 것을 싫어하실 리가 없기 때문입니다.

당신께서 원하지 않으셨다면 무엇이 존속할 수 있었으며
당신께서 부르지 않으셨다면
무엇이 그대로 유지될 수 있었겠습니까?
생명을 사랑하시는 주님
모든 것이 당신의 것이기에
당신께서는 모두 소중히 여기십니다. 지혜 11, 24-26

   프란치스코 교황은 이 물질세계가 인간에 대한 하느님의 끝없는 사랑을 보여준다면서, "흙과 물과 산, 이 모든 것으로 하느님께서는 우리를 어루만지십니다." 찬미받으소서, 85항라고 말했다. 우리는 특정한 지리적 공간 안에서 하느님과 만나서 사랑을 나누기 때문이다.
   교황은 "가장 뛰어난 풍광에서 가장 작은 생명체에 이르기까지 자연은 경탄과 경외의 끊임없는 원천"이라는 캐나다 주교들의 말을 인용하며 다양한 피조물이 곧 하느님께서 쓰신 '책'이라고 말한다. 요한 바오로 2세 교황 역시 "성경에 담겨 있는 고유한 계시와 더불어, 작렬하는 태양과 드리워진 어둠 안에 하느님께서는 당신을 계시하신다." 교리교육, 3항고 했다. 피조물들은 혼자서 하느님의 선하심을 모두 드러낼 수 없기에, 서로가 서로를 보충해 주면서 하느님의 사랑을 드러낸다.

   하느님께서는 피조물들이 서로 의존하기를 바라신다. 해와 달, 전나무와 작은 꽃 한 송이, 독수리와 참새, 이들의 무수한

다양성과 차별성의 장관은 어떠한 피조물도 스스로는 불충분함을 의미한다. 이들은 다른 피조물에 의존하여 서로 보완하며, 서로에게 봉사하면서 살아간다. 가톨릭교회교리서, 340항

그래서 아시시의 프란치스코는 다른 피조물들을 자매형제로 부른다. 형제인 태양과 불과 바람과 공기, 누이인 달과 별과 물을 통해 하느님을 찬미한다.

저의 주님, 찬미받으소서.
주님의 모든 피조물과 함께,
특히 형제인 태양으로 찬미받으소서.
우리에게 빛을 주시나이다.
태양은 아름답고 찬란한 광채를 내며
지극히 높으신 주님의 모습을 담고 있나이다.

저의 주님, 찬미받으소서.
누이인 달과 별들로 찬미받으소서.
주님께서는 하늘에 달과 별들을
맑고 사랑스럽고 아름답게 지으셨나이다.

저의 주님, 찬미받으소서.
형제인 바람과 공기로,

흐리거나 맑은 온갖 날씨로 찬미받으소서.
주님께서는 이들을 통하여 피조물들을 길러 주시나이다.

저의 주님, 찬미받으소서.
누이인 물로 찬미받으소서.
물은 유용하고 겸손하며 귀하고 순결하나이다.

저의 주님, 찬미받으소서.
형제인 불로 찬미받으소서.
주님께서는 불로 밤을 밝혀 주시나이다.
불은 아름답고 쾌활하며 활발하고 강하나이다.
프란치스코의 〈피조물의 찬가〉

피조물과 맺는 친교

하느님께서는 우리 육신을 통하여 우리를 둘러싼 세상과 긴밀하게 결합시켜 주셨습니다. 그리하여 우리는 토양의 사막화를 마치 우리 몸이 병든 것처럼 느끼고 동식물의 멸종을 우리 몸이 떨어져 나가는 것처럼 고통스럽게 느낍니다. 복음의 기쁨, 215항

프란치스코 교황은 "한 하느님 아버지께서 창조하신 모든 피조물이 서로 보이지 않는 끈으로 연결되어 있어, 함께 보편 가정, 곧 숭고한 공동체를 이루어 거룩하고 사랑이 넘치며 겸손한 존중으

로 나아가게 된다."찬미받으소서, 89항고 말한다. 그렇다고 일부 환경주의자의 생각처럼 지구를 신격화시켜도 안 된다. 다만 중요한 것은 취약한 지구와 피조물들을 돌봐야 의무가 인간에게 있다는 사실이다. 그런데 어떤 이들은 탐욕과 허영에 빠져 지구를 파괴하고, 엄청난 쓰레기를 만들고 있다.

여기서 우리가 명심해야 할 것은 먼저 인간들 사이에 벌어지는 엄청난 불평등을 부끄러워해야 한다는 점이다. 인간에 대한 연민이 다른 피조물에 대한 연민을 낳기 마련이다. 따라서 환경보호는 인간에 대한 참된 사랑과 사회문제 해결을 위한 끊임없는 노력과 연결되어야 한다.

> 인간에 대한 온유함, 연민, 배려의 마음이 없다면 자연의 다른 피조물과도 깊은 친교를 올바로 느낄 수 없습니다. 인신매매에 완전히 무관심하고, 가난한 이들을 배려하지 않고, 맘에 들지 않는 이들을 해치려는 마음을 지니면서, 멸종 위기에 놓여 있는 생물종들의 매매와 맞서 싸우는 것은 분명히 모순입니다. 이는 환경보호의 의미를 훼손시키는 일입니다.
>
> 찬미받으소서, 91항

마찬가지로 다른 피조물과 자연에 무관심하거나 잔혹하게 대하는 사람은 언제나 어디서나 다른 사람들도 그렇게 잔혹하게 대하기 마련이다. 우리의 마음은 하나여서 동물을 학대하도록 이끄는 비열함은 곧 다른 사람과의 관계에도 나타난다. 그래서 "그 어

떤 피조물에 대한 것이든 모든 학대는 인간의 존엄성에 어긋나는 것이다."찬미 받으소서, 92항

예수님의 눈길

예수님은 제자들에게 하느님이 모든 피조물과 '아버지로서' 맺은 관계를 깨닫게 한다. 하느님 보시기에 귀하지 않은 목숨이란 없다. "참새 다섯 마리가 두 닢에 팔리지 않느냐? 그러나 그 가운데 한 마리도 하느님께서 잊지 않으신다."루카 12,6 "하늘의 새들을 눈여겨보아라. 그것들은 씨를 뿌리지도 않고 거두지도 않을 뿐만 아니라 곳간에 모아들이지도 않는다. 그러나 하늘의 계신 너희 아버지께서는 그것들을 먹여 주신다."마태 6,26

주님께서는 당신이 사시던 갈릴래아 지역을 구석구석 다니시다가 잠시 머무시면서 당신의 아버지께서 심어 놓으신 아름다움을 음미하시고는, 그 안에 담긴 하느님의 메시지를 이해하도록 당신 제자들에게 권유하셨다. "눈을 들어 저 밭들을 보아라. 곡식이 다 익어 수확할 때가 되었다."요한 4,35 "하늘나라는 겨자씨와 같다. 어떤 사람이 그것을 가져다가 자기 밭에 뿌렸다. 겨자씨는 어떤 씨앗보다도 작지만, 자라면 어떤 풀보다 커져 나무가 된다."마태 13,31-32

예수님은 피조물과 완전히 조화를 이루며 사셨기에 다른 이들이 놀라워하였다. "이분이 어떤 분이기에 바람과 호수까지 복종하는가?"마태 8,27 그분은 세상과 떨어져 사는 금욕주의자의 모습을

보이지도 않으셨고, 삶의 즐거움을 적대적으로 여기지 않았다. 그래서 사람들은 예수님더러 "보라, 저자는 먹보요 술꾼"마태 11,19이라고 불렀다. 예수님은 육신과 물질과 세상을 경멸하는 분이 아니셨다.

게다가 예수님은 손을 사용하는 일로 하느님께서 창조하신 물질들을 날마다 다루시며 장인의 기술을 발휘하셨다. 예수님께서는 당신 생애 대부분을 이러한 일, 전혀 경탄할 것도 없는 단순한 일로 보내셨다. "저 사람은 목수로서 마리아의 아들이 아닌가?"마르 6,3 그래서 요한 바오로 2세 교황은 "우리를 위하여 십자가에 못 박히신 그리스도와 일치하여 노동의 수고를 참아냄으로써, 인간은 인류의 구원을 위하여 하느님의 아들과 협력하고 있다."노동하는 인간, 27항고 말할 수 있었다.

신약성경은 예수님이 이 세상과 맺으신 실제적인 사랑의 관계를 우리에게 들려준다.

> 과연 하느님께서는 기꺼이 그분 안에 온갖 충만함이 머무르게 하셨습니다. 그분 십자가의 피를 통하여 평화를 이룩하시어 땅에 있는 것이든 하늘에 있는 것이든 그분을 통하여 그분을 향하여 만물을 기꺼이 화해시키셨습니다.콜로 1,19-20

생태 위기의 원인들

프란치스코 교황은 "인류가 자신의 기술력 때문에 갈림길에 서게 되었다."찬미받으소서, 101항고 말한다. 우리는 핵에너지, 생명공학, 컴퓨터 공학, 그리고 우리 자신의 유전 정보에 대한 지식 등이 인간에게 엄청난 힘을 쥐어준다는 것을 알고 있다. 이 엄청난 기술력과 경제력을 확보한 이들은 인류 전체와 온 세상을 강력하게 지배할 수 있게 되었다. 문제는 이 기술력을 어떻게 활용하느냐에 달려 있다.

사람들은 인간의 힘이 늘수록 "진보"가 이루어지고, "안전과 유용성, 복지, 활력과 가치가 늘어난다."고 생각하지만, 교회는 정작 그 엄청난 힘이 소수의 사람들 손에 쥐어져 있다는 것이 매우 위험하다고 판단한다. 자칫 이 가공할 힘이 이기주의와 잔인하고 맹목적인 폭력 앞에 굴복할 수 있기 때문이다. 그렇게 되면, 대부분의 인간들은 아무런 통제 수단도 없이 커져만 가는 폭력 앞에 무방비로 노출될 위험이 있다.찬미받으소서, 104-105항 참조

그동안 인간은 언제나 자연에 간섭해 왔다. 그러나 이러한 간섭은 자연이 내어 주는 것을 받고 또한 손을 내미는 것처럼 '자연스럽게' 작용해 왔다. 그런데 이제는 인간의 간섭이 자연에서 최대한 모든 것을 뽑아내는 방식으로 작동한다. 그래서 인간과 자연은 더 이상 편안한 관계를 유지하지 못하고, 더 이상 서로 다정한 손길을 건네지 못한 채 적대적으로 대립하게 되었다.

경제의 무한성장에 매력을 느끼는 경제학자, 금융전문가, 기술자들은 지구 자원을 무한히 활용할 수 있다는 거짓 신념을 바탕으로 지구를 최대한 '쥐어 짜는' 데 이르렀고, 그 결과는 '환경 악화'로 나타났다.

이런 기술 관료적 패러다임은 경제적 이윤을 위해 기술을 받아들이고, 금융 중심주의는 실물경제를 질식시켜 버린다. 그리고 현대 경제와 기술이 모든 환경 문제를 해결할 것이고, 시장의 성장만이 세계적인 기아와 빈곤 문제도 해결할 수 있다는 헛된 희망을 불어넣는다. 이런 상황에서 프란치스코 교황은 이렇게 말한다.

> [이윤의 극대화를 추구하는] 시장 자체가 온전한 인간발전과 사회통합을 보장할 수 없습니다. 그런데 우리는 지속되고 있는 비인간적인 박탈 현상과 참을 수 없을 정도로 대비되는 낭비적이고 소비 중심적인 일종의 '초超발전'을 누리고 있습니다. 그 반면에, 가난한 이들에게 정기적으로 생필품을 마련하도록 해 주는 경제적 지원 시설과 사회 제도의 개발에는 속도를 내지 못합니다. 사람들은 현재의 불균형의 좀 더 깊은 원인을 알아차리지 못합니다. 찬미받으소서, 109항

프란치스코 교황은 환경파괴에 대한 부분적이고 기술적인 해결책으로는 생태위기를 벗어날 수 없다고 판단한다. 기술 관료적 패러다임의 공세에 대항하는 다른 시각, 다른 사고방식, 다른 정책과 다른 생활양식, 영성이 필요하다는 것이다. 이 용감한 문화혁명이 사람들로 하여금 다시 동굴 속으로 들어가 살라고 부추기는 것은 아니다. 다만 성장 속도를 줄이고, 지속 가능한 발전을 받아들이며, 지나친 과대망상으로 잃어버린 가치를 되찾아야 한다고 절박하게 요청한다.

교황은 사람들에게 프로메테우스처럼 세상을 지배하려는 꿈을 버리고, 세상에 대한 책임 있는 관리자청지기로 나서라고 촉구한다.

> 모든 것은 연결되어 있습니다. 인간이 자연에서 독립된 존재임을 선언하고 절대적 지배자를 자처하면, 인간 삶의 기초 자체가 붕괴됩니다. 인간은 세계에서 하느님의 협조자로 일하는 대신에, 부당하게 하느님의 자리에 자신을 올려놓으며, 이렇게 인간은 자연의 반항을 자극하기 때문입니다.찬미 받으소서, 117항

프란치스코 교황은 '과도한 인간 중심주의'를 비판하면서, 동시에 '실천적 상대주의'의 위험성을 지적하였다. 상대주의 문화는 "한 사람이 다른 사람을 이용하고 단순한 대상으로 취급하여 강제 노동을 시키거나 빚을 명분으로 노예로 부리는 것과 다름없는 질병"찬미받으소서, 123항이라는 것이다. 내게 당장에 이득을 주지 못한다는 이유로, 아동을 성적으로 착취하고 노인들을 내버리는 문화를 낳는다. 마찬가지로 자연에 대한 상대주의는, 자연을 다만 인간의 편익을 위해 쓰고 버릴 수 있는 대상으로 본다.

새로운 생활양식을 위하여

포르투갈 주교들은 2003년 사목교서 〈공동선을 위한 연대 책임〉에서 "환경은 받음의 논리에 속한 것"이며 "환경은 각 세대가

빌려 쓰고, 다음 세대에 넘겨주어야 하는 것"이라고 말했다. 그런데 프란치스코 교황은 환경파괴를 지켜보며 "종말에 대한 예언을 더 이상 비웃거나 무시할 수 없다."고 경고한다.

> 우리는 다음 세대에게 엄청난 폐허와 사막과 오염을 남겨 줄 수 있습니다. 소비, 낭비, 환경 변화의 속도는 지구의 한계를 넘어섰습니다. 그래서 현재의 생활방식은 더 이상 지속 가능하지 않기에 이미 세계의 여러 지역에서 주기적으로 발생하고 있는 재앙으로 치달을 수 있습니다. 현재 불균형의 영향을 줄이는 것은 우리가 지금여기에서 하는 행동에 달려 있습니다.
> 찬미받으소서, 161항

시장이 상품 판매를 위하여 강박적으로 소비주의를 부추기는 상황에서, 교황은 우리에게 "자신을 억압하는 모든 정신적 사회적 제약을 극복하여, 자신에게서 벗어나 다시 선을 선택하며 새롭게 시작하라."고 부르짖는다. 물질의 풍요보다 귀한 것은 우리 자신의 존엄성이기 때문이다. 이를 위해 소비의 자유 대신에 생활양식의 변화를 바란다.

우리가 생활양식을 바꾸면 정치적, 경제적, 사회적 힘을 발휘하고 있는 이들에게 건전한 압력을 행사할 수 있다. 소비자운동은 특정 상품의 불매운동으로 기업의 행태를 바꾸는 데 영향을 미친다. 그러면 기업은 환경문제를 염두에 두고서 기존의 생산방식을 재검토하게 될 것이다. 이 과정에서 소비자는 자신에게도 사회적 책임이 있음을 깨우치게 된다. 그래서 베네딕토 16세 교황은 "구매는 단순히 경제적인 행위가 아니라 언제나 도덕적 행위입니다." 진리 안의 사랑, 66항라고 말했다.

이 마당에 프란치스코 교황이 요구하는 것은 '생태적 회심'이다. "우리의 개인적 공동체적 활동에 자극과 동기와 용기를 주는 어떤 내적인 변화 없이, 오로지 교리만 가지고 이 위대한 일에 투신하기란 불가능"하기 때문이다. 우리의 잘못과 악습, 태만을 떨쳐 버리려면, 우리가 하느님의 피조물에 어떻게 해를 끼쳐 왔는지 깨달아야 한다.

그리스도교 영성은 "소비에 집착하지 않고 깊은 기쁨을 누릴 수 있는 예언적이고 관상적인 생활방식을 독려한다." 찬미받으소서, 222항 이 영성은 "적은 것이 많은 것이다."라는 확신에서 출발한다. 모든 실재 앞에 차분히 머무르고, 절제를 통하여 성숙해지는 것, 적은 것으로 행복해지는 능력을 키우려고 마음을 바꾸는 것이 '생태적 회심'이다.

> 작은 일상적 행동으로 피조물 보호의 임무를 수행하는 것은 참으로 고결한 일입니다. 찬미받으소서, 211항

제11장

[평화 증진]
평화는 정의와 사랑의 열매

by Ade Bethune

하느님의 평화, 그리스도의 평화

주님께서 그대에게 당신 얼굴을 들어 보이시고 그대에게 평화를 베푸시리라. 민수 6,26

사회교리의 정점에 위치해 있는 것이 '평화'라는 주제이다. 성경은 평화가 하느님께서 당신 백성에게 내리시는 축복의 결과라고 전한다. 전쟁이 끊이지 않았던 이스라엘 역사에서 평화는 가장 민감하고 절박한 요청이었다. 예수님 시대에 이르도록 4백년 가까이 바빌로니아와 아시리아, 마케도니아와 로마의 식민지를 경험한 것이 이스라엘 백성이었다. 그러니, 그들이 갈망하던 메시아가 '평화의 군왕'이사9,5인 것은 당연한 일이다.

"자, 주님의 산으로 올라가자. 야곱의 하느님 집으로! 그러면 그분께서 당신의 길을 우리에게 가르치시어 우리가 그분의 길을 걷게 되리라." 이는 시온에서 가르침이 나오고 예루살렘에서 주님의 말씀이 나오기 때문이다. 그분께서 민족들 사이에 재판관이 되시고 수많은 백성들 사이에 심판관이 되시리라. 그러면 그들은 칼을 쳐서 보습을 만들고 창을 쳐서 낫을 만들리라. 한 민족이 다른 민족을 거슬러 칼을 쳐들지도 않고 다시는 전쟁을 배워 익히지도 않으리라. 이사 2,3-4

부활하신 예수님이 제자들을 만날 때마다 반복적으로 하신 말씀은 "평화가 너희와 함께!"루카 24,36였다. 생전에 예수님은 제자들을 세상에 파견하면서 이렇게 말씀하셨다. "어떤 집에 들어가거든 먼저 '이 집에 평화를 빕니다.' 하고 말하여라."루카 10,5 그리고 산상설교를 하시면서 "행복하여라, 평화를 이루는 사람들! 그들은 하느님의 자녀라 불릴 것이다."마태 5,9라고 하시며, 평화의 일꾼들을 축복해 주셨다.

그러나 예수님은 돌아가시기 전에 제자들에게 이런 말도 남겼다. "나는 너희에게 평화를 남기고 간다. 내 평화를 너희에게 준다. 내가 주는 평화는 세상이 주는 평화와 같지 않다."요한 14,27 그렇다면 세상이 주는 평화는 무엇일까? 당시 유대인들은 강력한 군대를 자랑하는 로마제국에 맞서 싸우는 메시아가 하늘의 군대를 동원해서라도 새로운 '하느님 왕국'을 세우시리라 믿었다. 한편 로마제국의 아우구스투스 황제는 아폴로 신의 아들로 여겨졌고, 제국의 수하들은 그를 '평화의 군주'라고 불렀다. 황제는 구세주이며, 빛 가운데 빛이고, 그의 출생조차 '복음'이라고 불렀다. 그러나 그리스도인들은 그 모든 칭호를 십자가에서 비참하게 돌아가신 나자렛 예수님에게 돌렸다. 예수님은 모든 폭력을 거부하고, "원수를 사랑하라."고 말했다. 스스로 가난했으며, 평생 가난한 이들을 편들었다. 그분이 이루는 평화는 군대와 폭력을 동반한 평화가 아니라, 연민에 따라 움직이는 사람들에 의해 만들어질 평화였다.

예수님은 그 평화로운 세상의 주인은 부자와 권세가들이 아니라 창녀와 세리, 죄인 등 가난한 백성이라고 했다. 그래서 그 나라에서 다스리는 자는 섬기는 자이며, 예수님조차 '이방인 노예'의

처지로 내려와 제자들의 발을 씻어주었다. 이들이 이루는 평화는 힘에 의한 평화가 아니라, 사랑으로 이루어가는 평화였다.

그리스도교 평화주의

초기 그리스도인들은 절대적인 '비폭력 평화주의자'였다. 초기 교회와 그리스도인은 이미 로마제국에 속하지 않았기 때문에 황제를 신으로 섬기라는 국가의 명령을 거부하고 차라리 목숨을 내놓은 순교자들의 피로부터 성장했다. 그들의 삶은 믿음과 온유함과 인내와 정결의 삶이었다. 그들은 하느님의 권능에만 의존하며, 국가에 복종하지 않았다. 국가는 스스로를 우상화하여 하느님을 모독할 뿐이다. 따라서 그리스도인의 전투는 비폭력적이고 영적이었으며, 이러한 태도는 유례없이 새로운 것이었다. 그리스도인들은 '짐승'로마제국, 이교도을 위해 싸우다 죽을 생각이 없었다.

초기교회 그리스도인 모두가 단순명료한 평화주의자였다. 물론 로마군대 안에도 그리스도인이 있었다. 이들 중에는 병사로 있다가 그리스도인으로 개종한 사람이 많았는데, 처음에는 "하느님께서 각자를 부르셨을 때의 상태대로"1코린 7,17 병사로 남아 있었다. 그때만 해도 제국 군대가 일종의 경찰로서 팍스 로마나Pax Romana, 로마의 평화를 지키는 존재라고 여겼기 때문이다. 그러나 군인의 신분을 이상적이라고 생각하지는 않았다. 군대에 복무하면 어쩔 수 없이 로마의 공식적인 우상숭배에 가담해야 했기 때문이다. 막시밀리아누스처럼 이 황제숭배를 거부하다 순교한 병사도 있었고, 투르의 마르티누스처럼 전투에 나가 살인을 하라는 명령을 거부한 병사도 있었다. 전승에 따르면, 마르티누스는 "나는 그리스도의 병사이므로 타인을 죽일 수 없다."고 말했다. 그리스도인들은 전쟁에서 싸우기보다 차라리 기꺼이 생명을 바치겠다고 마음먹은 최초의 사람들이다.

알렉산드리아의 클레멘스는 그리스도인들을 '평화의 병사'라고 불렀고, 테르툴리아누스는 예수님이 베드로에게 칼을 거두라고 하셨을 때 "예수님께서는 모든 병사의 무장해제를 명하신 것이나 마찬가지"라고 말했다. 이 때문에 그리스도인은 로마제국 안에서 무책임하고 이기적인 '반사회적 집단'으로 박해받았다. 이런 비판에 맞서 오리게네스는 이렇게 설명했다.

> 우리는 하느님의 계약을 알지 못하던 시절의 전통적 관습을 따르지 않고, 이제는 다른 어떤 나라에 대해서도 칼을 겨누지 않으며 더 이상 전쟁 기술을 익히지도 않는다. 우리 주님이신 예수님을 통해 평화의 자식이 되었기 때문이다.
>
> 토머스 머튼의 〈평화론〉에서 재인용

평화 : 정의와 사랑의 열매

〈기쁨과 희망〉은 "평화는 단순히 전쟁의 부재가 아니며, 적대 세력간의 균형 유지로 격하될 수 없다."78항고 말한다. 평화는 하느님 안에서 정의와 사랑에 기초한 사회질서라는 것이다. 그래서 평화는 먼저 '정의의 열매'라고 말한다. 평화는 인간이 인간으로서 마땅히 누려야 할 권리를 누리지 못할 때 언제든지 파괴될 수 있기 때문이다. 빈익빈부익부貧益貧富益富 등 사회양극화가 심화되고 인권이 보장되지 못하는 사회는 언제나 평화를 위협받는다. 한편 평화는 '사랑의 열매'이기도 하다. 정의가 평화로 가는 길에 놓인 장애물을 없애는 것이라면, 사랑은 평화를 요구하며 또한 굳건하게 만든다.간추린 사회교리, 494항 참조

이 평화는 하느님께서 원하시는 질서를 추구하면서 "날마다 조금씩 이룩되는 것"민족들의 발전, 76항이며, 우리 마음의 무장해제가 필요하다. "분쟁과 폭력을 막으려면, 먼저 모든 사람의 마음속 깊이 평화에 대한 갈망이 자리 잡아야 한다. 그럴 때에 평화는 가정과 사회 안에서 다양한 집단들로 확산되고, 결국 정치공동체 전체의 참여로 이어질 수 있다."간추린 사회교리, 495항 한편 이 평화는 하느님께서 심어 놓으신 더 완전한 정의를 갈망하는 인간들의 실천을 통해 얻을 수 있다.

교회는 평화를 얻기 위해서 '폭력'을 사용하는 것 역시 반대한다. 교회는 오히려 자칫 조소의 대상이 되기도 하는 "맨몸의 예언자들의 증언"을 높이 평가하면서 '비폭력 저항'을 칭찬한다.

> 난폭하고 무자비한 행위를 포기하고, 인간의 권리를 옹호하기 위해서 가장 약한 사람들이 취하는 방어수단을 택하는 사람들은 복음적 사랑을 증언하는 이들이다. … 그 사람들은 폭력에 의지하는 것이 파괴와 죽음을 포함하여, 대단히 큰 물질적 정신적

위험을 몰고 온다는 사실을 알고 있다.가톨릭교회교리서, 2306항

평화의 실패 : 전쟁

교회는 전쟁을 '야만적인 재앙'이라고 단죄한다. 원자핵무기 시대에 전쟁을 정의의 도구로 이용할 수 있다고는 전혀 상상할 수 없다. 〈기쁨과 희망〉은 "도시 전체나 광범한 지역을 그 주민들과 함께 무차별 전멸시키는 전쟁 행위는 모두 다 하느님과 인간 자신을 거역하는 범죄"80항라고 단죄하였다. 일단 전쟁이 터지면 대량학살이 이루어지고, 이런 '되돌릴 수 없는 모험'으로 인류의 현재와 미래가 위협받는다. 비오 11세 교황은 라디오 담화에서 일찍이 "평화로는 잃는 게 없다. 그러나 전쟁으로는 모든 것을 잃을 것이다."1939.8.24.라고 말했다.

> 무력전쟁으로 발생하는 피해는 물질적인 것만이 아니라 도덕적인 것도 있다. 결국, 전쟁은 진정한 모든 인도주의의 실패이며, 언제나 인류에게 좌절을 안겨주는 것이다. 결코 다시는 일부 민족들이 다른 민족들과 대적하는 일이 있어서는 안 된다. 더 이상, 더 이상 전쟁은 없어야 한다.바오로 6세, 국제연합 총회 연설, 1965

침략전쟁을 "본질적으로 비도덕적"이라고 판단하는 교회는 방어전쟁에 대해서는 몇 가지 엄격한 조건을 달아 허용한다. "공격자가 국가와 국제공동체에 가한 피해가 계속적이고 심각하며 확

실해야 한다. 이를 제지할 다른 모든 방법들이 실행 불가능하거나 효력이 없다는 것이 드러나야 한다. 성공의 조건들이 갖추어져야 한다. 제거되어야 할 악보다 더 큰 악과 피해가 무력 사용으로 초래되지 않아야 한다. 이러한 상황 판단에서 현대무기의 파괴력을 신중하게 고려하여야 한다."간추린 사회교리, 500항 이것이 곧 교회의 전통적인 '정당한 전쟁론'에서 요구하는 조건이다.

'정당한 전쟁론'은 4세기에 아우구스티누스 성인이 야만족의 침략으로 살해당하는 시민들을 염려하며 제안한 것이다. 아우구스티누스는 "천상의 시민인 그리스도인들도 지상의 도시에 사는 동안 피해갈 수 없는 게 있다."면서, "그리스도인은 성직자나 수도자로서 완전히 영적 삶에 자신을 바치지 않는 이상, 자기가 사는 지상도시에서 벌어지는 전쟁에 참여해야만 한다."고 주장했다. 아우구스티누스는 평화를 세우기 위한 전쟁을 '정당한 전쟁'으로 보았다. 전쟁의 동기가 정당한 명분과 적에 대한 사랑에서 우러나온 것이라면 그런 경우에 폭력은 불의가 아니라는 것이다. 이른바 "사랑은 선익을 위해 행하는 자비의 전쟁을 배제하지 않는다."고 말했다. 그러나 좋은 의도라면 폭력적 수단을 써서 선을 이룰 수 있다는 아우구스티누스의 입장은, 앞서 말한 방어전쟁의 엄격한 조건에도 불구하고 교회-정치적 지배 권력에 의해 언제든 왜곡될 수 있었다.

이 '정당한 전쟁론'이 낳은 불행한 결과가 바로 십자군 전쟁과 이단 심문, 라틴 아메리카 인디언 학살 등으로 나타났다. 나치 등 파시스트에게는 '인종청소'로 나타나고, 교회의 전통적인 공산주의 혐오와 적대감은 공산주의자라면 양심에 거리낌 없이 쓸어버릴 수 있다는 그릇된 신념을 심어 주었다. 미국이 "불의한 침략자를 응징하고" 불의한 전쟁을 빠르게 종식시킨다는 명분으로 민간인 거주지역인 히로시마에 원폭을 감행한 것도 이 때문이다. 그러나 히로시마 원폭은 사실상 원자폭탄의 효과를 확인하려는 미국의 실험에 무고한 민간인이 희생당한 사건이다. "더 큰 악을 막기 위해 작은 악을 허용한다."는 '정당한 전쟁론'은 이론적으로는 타당한 측면이 있지만, 실제는 다른 악을 허용할 위험이 있다.〈평화론〉, 토머스 머튼, 분도출판사 참조

13세기 토마스 아퀴나스에 의해 더욱 체계화된 '정당한 전쟁론'은 정당방위 차원의 무력행사에 따른 조건이 너무 엄격해 사실상 '전쟁금지론'에 가깝지만, 자칫 참고사항으로만 치부될 가능성이 높은 가르침이다. 그래서 최근에는 '정당한 평화론'으로 가야 한다는 목소리가 높아지고 있다. 2016년에 교황청 정의평화평의회와 팍스 크리스티Pax Christi, 그리스도의 평화 주관으로 로마에서 열린 국제학술대회에서는 '전쟁으로 전쟁을 막는 방법'을 접고, '정당한 평화론'에 주력할 것을 요청했다. 복음서는 일관되게 '비폭력'의 궤도를 걷고 있으며, 이런 '복음적 비폭력 저항'은 소극적이거나 비굴한 태도가 아니라 불의한 권력에 맞서는 예언자적 목소리이며, "행동하는 사랑의 힘"이라고 전했다.

평화 수호와 군비 축소

교회는 정당방위 차원의 현실적 요구 때문에 군대의 평화 유지

기능을 인정한다. 그러나 교회는 공동선에 위배되는 범죄를 행하도록 요구하는 명령에는 군인들이 불복할 의무가 있다고 강조한다. 군인들은 인권과 인도주의를 침해하는 행위에 대해 스스로 책임을 져야 한다. 그러한 행위가 비록 상급자의 명령에 복종한 것이라고 주장하더라도 정당화될 수 없다. 또한 신앙과 양심 때문에 무력 사용을 거부하는 '양심적 병역 거부자'의 대체복무제를 지지한다.

> 군 복무가 의무인 경우에도, 양심에 따라 모든 종류의 무력 사용을 거부하거나 특정한 전쟁에 참가하는 것에 반대하여 군 복무를 거부하는 '양심적 병역 거부자'들은 대안적 형태의 복무를 받아들여야 한다. 양심의 동기에서 무기 사용을 거부하는 사람들을 위한 법률을 인간답게 마련하여, 인간 공동체에 대한 다른 형태의 봉사를 하도록 하는 것은 마땅하다. 기쁨과 희망, 79항; 간추린 사회교리, 503항

정당방위 차원에서만 무력 사용을 허용한다는 것은 민간인 등 자신을 방어할 능력이 없는 무고한 사람들을 보호할 의무를 낳는다. 또한 특수한 범주의 전쟁 희생자로서 '난민들'에게도 관심을 기울여야 한다. 교회는 전쟁 때문에 고향을 떠나 외국에서 피난처를 찾는 난민들과 동반하며 사목하고, 물질적 지원뿐 아니라 이들이 인간존엄성을 유지할 수 있도록 도와야 한다. "우리가 난민들에게 관심을 갖는다면, 보편적으로 인정된 인권들을 재천명하고, 인권 존중이 난민들에게도 실제적으로 보장되도록 해야 한다."요한

바오로 2세, 1990년 사순 담화

　　한편 교회는 군사력 강화와 무기 증강이 전쟁 억지 효과가 있다는 주장을 지지하지 않는다. "군비 경쟁은 평화를 보장하지 못하며, 전쟁의 원인을 제거하기보다는 오히려 증대시킬 위험이 있다."가톨릭교회교리서, 2315항 그러므로 다자간 협상을 통해 구체적인 군비축소로 나아가야 한다. 교회는 "진정한 평화는 오로지 용서와 화해를 통해서만 가능하다."고 가르친다.요한 바오로 2세, 2000년 세계평화의 날 담화 전쟁 당사자들의 용기 있는 반성과 참회 그리고 용서만이 고통을 없앨 수 있다. 그러나 상호 용서가 정의에 대한 요구를 묵살해서는 안 되며, 진실에 이르는 길을 막아서는 더더욱 안 된다. 정의를 세우고, 진실을 밝히는 것은 화해와 용서를 위한 실질적인 조건이기 때문이다. 따라서 국제사법재판소 등의 기구들을 통하여 피고와 희생자의 권리를 존중하는 소송규범에 따라, 무력 충돌 기간에 자행된 범죄의 진실을 밝혀내야 한다.

　　교회는 기도를 통하여 평화를 위한 투쟁에 참여한다. 성찬례는 평화를 위한 그리스도인의 모든 참된 투신을 위한 영적 힘을 제공하는 마르지 않는 샘이다. 그래서 우리는 나 자신에서 시작되어 인류에게 주어지는 평화를 희망한다.

> 　　평화는 평화 안에서만 모습을 드러낸다. 평화는 정의의 요구와 분리되지 않지만 개인적 희생과 관대함, 자비와 사랑으로 자라난다.바오로 6세, 1976년 세계 평화의 날 담화

제12장

[사회교리 실천]

사랑의 문명을 향하여

by Ade Bethune

우리는 하느님께서 우리를 살게 해 주신 이 아름다운 행성을 사랑합니다. 그리고 우리는 여기에서 슬픔과 투쟁, 희망과 열망, 강인함과 나약함을 지니고 살아가는 인류 가족을 사랑합니다. 지구는 우리 공동의 집이며 우리는 모두 형제자매입니다.

확실히 정의가 모든 정치의 목적이며 고유한 판단 기준이라면, 교회는 정의를 위한 투쟁에서 비켜서 있을 수 없으며 그래서도 안 됩니다. 모든 그리스도인은, 또 사목자들은 더 나은 세계의 건설에 진력하라는 부르심을 받고 있습니다.

교회의 사회교리는 무엇보다도 긍정적이고 적극적인 제안을 하며 개혁적인 활동방향을 가리켜 줍니다. 이러한 의미에서 예수 그리스도의 사랑의 성심에서 나오는 희망을 끊임없이 가리킵니다. 복음의 기쁨, 183항

그리스도교 신앙은 복음의 힘으로 현대인의 판단기준과 사고방식, 삶의 양식을 내적으로 쇄신하는 데 목적을 두고 있다. 그리고 사회교리는 이러한 목적을 이루기 위해 사회질서를 바꿈으로서 '새로운 복음화'를 이루어가는 신자들에게 활동의 원칙을 제공하고 있다. "교회는 역사 안에 존재하며, 역사 안에서 활동한다. 교회는 그 시대의 사회 및 문화와 교류하면서 모든 사람에게 그리스도교 메시지의 새로움을 알리는 사명을 수행한다. 비록 여러 가지 힘든 상황이 다가오더라도 분투하며 도전한다." 간추린 사회교리, 524항 이런 점에서 교회의 사회사목은 교회가 세상 속에서 자신의 복음화 사명을 온전히 깨닫고 있다는 생생하고 구체적인 표현이

다. 그러므로 그리스도인은 사회교리에 대한 더욱더 정확한 지식이 '절대적으로' 필요하다.

사회교리 교육

사회교리 교육의 궁극적인 목적은 "사람들이 예수 그리스도와 만나는데 그치지 않고 그분과 친밀한 친교를 나누도록 인도하는 데 있다."_{현대의 교리교육, 5항} 달리 표현하자면, 하느님 안에서 자유를 사랑하는 사람들, 곧 진리에 비추어 사물을 판단하고, 책임감을 가지고 자신의 행동을 결정하며, 바르고 옳은 것은 무엇이든 추구하려고 힘쓰며, 다른 이들과 기꺼이 협력하는 사람들을 양성하는 것을 목표로 한다.

이들이 행하는 사회사목은 교도권의 격려를 받아 세상 안에서 자신의 임무를 수행하기 위하여 부름 받은 모든 그리스도인을 위한 것이다. 개인으로 행동하든, 다양한 단체나 협회, 기구에 속한 사람들과 함께 행동하든, 오늘날 그리스도인들은 "인간과 인간 존엄성 수호를 위한 광범위한 운동"을 대표한다. 따라서 사제들은 알맞은 교육 프로그램을 통해서 사회교리를 알리고, 자기 공동체 신자들에게 사회교리를 적극적으로 실천하도록 이끌어야 한다. 성사를 통해 신자들에게 '세상을 위한 구원의 신비'를 경축하고, 신자 그리스도인을 영적으로 동반해야 한다. 봉헌생활자들은 이웃에 대한 헌신적 봉사를 통해 자기를 완전히 나누어 줌으로써 사회교리의 예언적 표지가 된다. 인류와 세상을 향한 그리스도의 사랑을 자신의 삶을 통해 증거함으로써 새 인류의 모습을 앞당겨 보여준다.간추린 사회교리, 538-540항 참조

평신도 영성과 사회참여

> 평신도의 임무는 자기 소명에 따라 현세의 일을 하고, 하느님의 뜻대로 세상을 관리하며 하느님 나라를 추구하는 것이다.
> 교회헌장, 1139항

평신도는 세례로 그리스도와 한 몸이 된 하느님 백성으로 구성되며, 그리스도의 사제직과 예언직과 왕직에 자기 나름대로 참여하는 사람들이다. 이들은 하느님 신비 안에서 성화되면서도 사회 안에 활동하는 새로운 남녀이다.

> 평신도 영성은 예수님의 성령을 따라 세상을 건설하게 하며, 사람들이 역사와 떨어져 있지 않으면서도 역사를 초월해 볼 수 있게 하고, 자기 형제자매들을 외면하지 않으면서도 하느님에 대한 열정적 사랑을 기르게 하며, 주님께서 그들을 바라보시듯 그들을 바라보고, 주님께서 그들을 사랑하시듯 그들을 사랑할 수 있게 해준다.간추린 사회교리, 545항

평신도 영성은 활동하면서 관상하고, 관상 속에서 활동하는 통합적 영성이다. 평신도들은 하느님에 대한 갈망과 사회복음화를

통합시키면서, 무엇보다 자기 삶의 증거로써 다른 사람들에게 그리스도를 분명하게 보여주는 사람들이다. 이들에게는 영신생활과 사회생활이 따로 있을 수 없다. 이처럼 신앙과 삶을 결합시키려면 하느님 말씀, 전례를 통한 그리스도교 신비의 수행, 개인기도, 사회적 사랑이 하나임을 깨달아야 한다. 이들은 자신이 마주치는 모든 상황을 주의 깊게 관찰하고, 복음 안에서 분석하고 판단하며, 결정적인 시기에 행동한다.

그러나 세상에 켜켜이 쌓여 있는 불의 앞에서, 이 문제를 속 시원히 해결할 수 있는 마술 같은 해법이 있으리라는 순진한 기대를 하지 않는다. 다만 한 분 예수님께서 "내가 언제나 너희와 함께 있겠다."고 하신 말씀을 기억하고, 그분 안에서 희망을 찾을 뿐이다.

> 우리는 그리스도를 알고 사랑하고 본받음으로써, 그분 안에서 삼위일체의 삶을 영위하며, 천상 예루살렘에서 역사가 완성되기까지 그분과 함께 역사를 변화시킬 수 있다.
> 요한 바오로 2세, 새천년기, 29항

인류 역사가 죄에 물들어 있다고 해도, 우리가 희망을 가질 수 있는 것은 하느님의 약속이 하느님 나라로 여전히 열려 있다는 믿음 때문이다. 이런 그리스도인의 희망은, 지상낙원이 결코 존재하지 않을지라도 '더 나은 세상'을 건설할 수 있다는 확신을 우리에게 심어준다.

그리스도인들은 이러한 희망을 마음속 깊이 감추어 두지만 말고, 끊임없이 회개하며 이 암흑세계의 지배자들과 악령들을 거슬러 싸움으로써 세속생활의 구조를 통해서도 이 희망을 드러내야 한다.교회헌장, 35항

사랑의 문명 건설

예수님은 "인간 완성과 세계 개혁의 근본 법칙은 사랑의 새 계명"기쁨과 희망, 38항이라고 가르치신다. 예수님은 율법학자들이 "율법에서 가장 큰 계명은 무엇입니까?" 묻자 이렇게 대답했다.

> "네 마음을 다하고 네 목숨을 다하고 네 정신을 다하여 주 너의 하느님을 사랑해야 한다." 이것이 가장 크고 첫째가는 계명이다. 둘째도 이와 같다. "네 이웃을 너 자신처럼 사랑해야 한다."는 것이다. 온 율법과 예언서의 정신이 이 두 계명에 달려 있다.마태 22,37-40

그리스도인들은 깊은 확신을 가지고 이러한 사랑을 증언해야 하며, 자신의 삶을 통하여 사랑이 어떻게 우리 사회를 선으로 나아가게 하고 인간과 사회를 완덕으로 이끌 수 있는 유일한 힘인지 보여주어야 한다. "사랑은 그야말로 인간의 교만과 이기심을 없애는 가장 효과적인 치료약이다."새로운 사태, 41항 "사회적 사랑" 또는 "정치적 사랑"이라고 부를 수 있는 이 사랑이 온 인류를 끌어안아

야 한다. 사회정의가 중요하지만, 인간관계는 정의의 법칙만으로 충분하지 않다.

> 사랑은 인간들 사이에 맺을 수 있는 가장 고귀한 관계이다. 그러므로 사랑은 인간 삶의 모든 분야에 활력을 주고, 국제질서에까지 확대되어야 한다. '사랑의 문명'이 다스릴 때에만 인류는 참되고 지속적인 평화를 누릴 수 있다. 이와 관련해서 교도권은 공동선을 보장하고 인간의 통합적인 발전을 촉진할 수 있는 연대를 다시 한 번 권장한다. 사랑은 이웃 안에서 또 다른 자신을 보게 해 준다. 간추린 사회교리, 582항

사랑 만이 인간을 완전히 변화시킬 수 있다. "사랑은 가장 큰 사회적 계명을 나타낸다. 사랑은 타인과 타인의 권리를 존중한다. 사랑은 정의의 실천을 요구하고, 또 사랑만이 우리가 정의를 실천할 수 있게 한다." 간추린 사회교리, 583항 그리고 사랑 만이 자신을 내어 줄 마음을 불러 일으킨다. 그리고 이런 사랑은 하느님과 우리가 맺은 관계 안에서 완전해진다.

【 사회교리 참고서적 】

〈간추린 사회교리〉, 교황청 정의평화평의회, 한국천주교주교회의, 2005
〈교회와 사회〉, 한국천주교중앙협의회, 1994
〈DOCAT-무엇을 해야 합니까?〉, YOUCAT재단, 가톨릭출판사, 2016
〈가톨릭사회교리 101문 101답〉, 케네스 R. 하임스, 바오로딸, 2017
〈그리스도교 사회윤리 기초〉, 심현주, 분도출판사, 2009
〈21세기 신앙인에게〉, 유경촌, 가톨릭출판사, 2014
〈세상의 빛-읽기 쉽게 다시 쓴 간추린 사회교리〉, 이기우, 함께가는길, 2016
〈내 곳간을 헐어 내리라 外〉, 대 바실리우스, 분도출판사, 2018
〈이놈의 경제가 사람잡네〉, 안드레아 토르니엘리 등, 갈라파고스, 2016
〈피터 모린-20세기에 살다 간 예언자〉, 마크 H. 엘리스, 하양인, 2015
〈행동하는 사랑〉, 한상봉, 리북, 2015
〈물신-죽음의 이데올로기적 무기〉, 프란츠 힌켈라메르트, 다산글방, 1999
〈시장, 종교, 욕망-해방신학의 눈으로 본 오늘의 세계〉, 성정모, 서해문집, 2014
〈희망의 예언자 오스카 로메로〉, 스콧 라이트, arte, 2015
〈기억하라 연대하라〉, 강우일, 삼인, 2014
〈강우일 주교와 함께 걷는 세상〉, 강우일, 바오로딸, 2012
〈땅의 신학〉, 숀 맥도나휴, 분도출판사, 1998
〈생태신학〉, 레오나르도 보프, 가톨릭출판사, 2013
〈평화혁명〉, 헬더 까마라, 분도출판사, 1994

【 사회교리 관련 교회문헌 】

〈새로운 사태 Rerum Novarum〉, 교황 레오 13세 회칙, 1891
〈사십주년 Quadragesimo Anno〉, 교황 비오 11세 회칙, 1931
〈하느님이신 구세주 Divini Redemptoris〉, 교황 비오 11세 회칙, 1937
〈어머니요 스승 Mater et Magistra〉, 교황 요한 23세 회칙, 1961
〈지상의 평화 Pacem in Terris〉, 교황 요한 23세 회칙, 1963
〈기쁨과 희망 Gaudium et Spes〉, 제2차 바티칸공의회 문헌-사목헌장, 1965
〈민족들의 발전 Populorum Progressio〉, 교황 바오로 6세 회칙, 1967
〈팔십주년 Octogesima Adveniens〉, 교황 바오로 6세 교서, 1971
〈세계정의 Convenientes ex Universo〉, 세계주교대의원회의 문헌, 1971
〈현대의 복음 선교 Evangelii Nuntiandi〉, 교황 바오로 6세 권고, 1975
〈노동하는 인간 Laborem Exercens〉, 교황 요한 바오로 2세 회칙, 1981
〈자유의 전갈 Libertatis Nuntius〉, 해방신학의 일부 측면에 관한 신앙교리성 훈령, 1984
〈자유의 자각 Libertatis Conscientia〉, 그리스도인의 자유와 해방에 관한 신앙교리성 훈령, 1986
〈사회적 관심 Sollicitudo rei Socialis〉, 교황 요한 바오로 2세 회칙, 1987
〈백주년 Centesimus Annus〉, 교황 요한 바오로 2세 회칙, 1991
〈진리 안의 사랑 Caritas in Veritate〉, 교황 베네딕토 16세 회칙, 2009
〈복음의 기쁨 Evangelii Gaudium〉, 교황 프란치스코 권고, 2014

〈찬미받으소서 Laudato Si'〉, 교황 프란치스코 회칙, 2015
〈메데인 문헌 Documento Medellin Conclusiones〉, 라틴아메리카와 카리브 주교회의 2차 정기총회 문헌, 1968
〈푸에블라 문헌 Documento Puebla Conclusiones〉, 라틴아메리카와 카리브 주교회의 제3차 정기총회 문헌, 1979
〈아파레시다 문헌 Documento Aparecida Conclusiones〉 라틴아메리카와 카리브 주교회의 제5차 정기총회 문헌, 2007